全国汉传佛教院校教材

摄大乘论教程

静安 编著

社会科学文献出版社
SOCIAL SCIENCES ACADEMIC PRESS (CHINA)

全国汉传佛教院校教材系列
编委会名单

全国汉传佛教院校教材编写推进工作领导小组

组　长　演觉

成　员　湛如　　宗性　　明海　　刘威

　　　　宏度　　光泉　　向学　　圣凯

《摄大乘论教程》编写工作协调委员会

主　任　则悟

副主任　弘来

成　员　界象　　净心　　法源

总　序

　　佛教诸要务，教育为第一。古德云："佛法二宝，并假僧弘。"续佛慧命、住持正法，服务社会、利益众生，都要靠优秀的佛教人才来践行和落实。因此，办好佛教教育事业、培养合格佛教人才，是事关佛教健康传承的千秋大计，是推进新时代佛教中国化的重要支撑。中国佛教协会自成立以来，特别是改革开放以来，始终把人才建设作为佛教自身建设的关键环节，将发展教育作为佛教工作的头等大事，团结引领全国佛教界齐心协力育人才，扭转了改革开放后佛教人才青黄不接的困难局面，初步培养了一支爱国爱教的佛教人才队伍，为佛教健康传承和推进佛教中国化不断注入生机活力。

　　佛教教育事业是一项艰巨复杂的系统工程，包含佛教院校建设、师资队伍建设、课程体系建设、教材体系建设、后勤保障建设等诸多方面。其中，教材建设是发展佛教教育事业的一项基础性工作。佛教院校专业课教材，是教师教学的基本依据，是学生学习的重要蓝本。编写一套高质量的佛教院校专业课教材，是中国佛教协会加强人才培养的一项重要任务，更是全国佛教界几代人的夙愿。改革开放以来，本会积极组织和推动佛教院校专业课教材编写工作，进行了持续探索，付出了不懈努力，取得了一批阶段性成果，积累了宝贵经验，为新时代继续系统推进佛教院校专业课教材建设奠定了坚实基础。

中共十八大以来，中国特色社会主义进入新时代。在2016年全国宗教工作会议上，习近平总书记指出，积极引导宗教与社会主义社会相适应，一个重要的任务就是支持我国宗教坚持中国化方向。习近平总书记强调，要坚持政治上靠得住、宗教上有造诣、品德上能服众、关键时起作用的标准，支持宗教界搞好人才队伍建设。为深入贯彻落实习近平总书记关于宗教工作的重要论述和全国宗教工作会议精神，顺应新时代推进佛教中国化对人才培养提出的新任务新要求，本会于2018年6月启动了新时代全国佛教院校专业课教材编写工作。本会理事会和领导班子对教材编写高度重视，成立全国佛教院校教材编写领导小组，负责统筹协调、检查督促教材编写各项工作；召开以佛教院校教材编写为主题的全国佛教院校联席会，举办教材编写研讨班，研究制定《全国佛教院校教材编写工作方案》，明确教材编写总体思路、主要原则、基本要求、编写范围、工作计划等，整合全国佛教院校资源，扎实有序推动教材编写。这套全国佛教院校教材，正是此次教材编写工作结出的硕果。

坚持正确导向是教材编写的根本原则，质量是教材的生命，实用是体现教材价值的落脚点。为编写一套坚持佛教中国化方向、符合宗教人才培养"四项标准"、发扬中国佛教优良传统、适应当代中国发展进步要求、具有新时代中国佛教鲜明特色的高质量佛教院校专业课教材，本会为教材编写确立了以下指导思想：以习近平新时代中国特色社会主义思想和习近平总书记关于宗教工作的重要论述为指导，以社会主义核心价值观为引领，坚持佛教中国化方向，发挥本会理事会佛教教育委员会专业优势和全国佛教院校人才培养主渠道作用，调动和整合教师与编辑、教学与出版等多方面资源，凝聚全国佛教界力量共同担当佛教院校教材建设重任，确定佛教院校专业课课程体系建设和教学大纲，制订教材编写规划，努力打造一套具有时代性、基础性、科学性、发展性、权威性的佛教院校教材。为落实上述指导思想，教材编写遵循以下基本原则：1. 精品原则。坚持质量为本，锚定精品定位，致力于编写、出版高质量、高水平、专业化、体系化的系列教材，避免低水平重复。2. 创新原则。坚持守正创新，发扬中国佛教优良传统，传承契合佛陀本怀、久经历史考验、获得广泛共识的中国佛教传统教理思想，积极推动教材编写的理念创新、方法创新、内容创新，将教材建设与佛学研究前沿紧密结合，凸显教材的时代性。3. 适用原则。坚持面向一线，将理论性与实践性有机融合，在框架结构、知识体系、表达方式等方面力求符合教材的一般要求，努力满足教师讲授和学生学习的实际需要，力争能被全国更多的佛教院校所采用。

本套教材的编写凝聚了全国佛教院校和佛教教育工作者的集体智慧。在本会统一组织下，各佛教院校根据自身资源优势和学科特长，自主选取承担相应的教材编写工作，各尽所能、优势互补，共同建设佛教院校专业课教材体系的庄严殿堂。教材编写全过程坚持高标准、严要求，初稿完成后，由相关专家进行专业评审，根据评审意见修改完善，再提交教材编写领导小组审核，审核通过后，交付出版。从执笔编写、评审修改到审核把关、出版发行，力求各环节精益求精，努力将高质量的教材建设目标和要求落到实处。

本套教材包括基础教材和原典教材两大部分，每一部分根据具体学科和内容分为不同模块。基础教材主要指佛教通史、概论、宗派史等类课程的教材。原典教材主要指佛教经典讲解、阐释类教材。基础教材重在构建和传授关于佛教教理思想、历史源流、教规制度、文化艺术等方面的基础知识体系。

原典教材重在引导学生细读经典，学习经典解读方法，培养经典阐释能力。两部分教材各有侧重、相得益彰，既传承了两千多年来中国佛教的智慧结晶，也吸收了当代佛学研究和佛教院校学科建设的崭新成果，共同构成了比较系统完整的新时代佛教院校专业课教材体系。

本套教材是推进新时代佛教中国化在佛教教育领域的重要体现与成果，在当代中国佛教教育发展史上具有里程碑意义。其出版和应用将进一步夯实佛教院校学科体系建设和佛教人才培养工作的基础，进一步强化佛教健康传承和佛教中国化的人才支撑。该套教材也可为希望了解佛教知识的社会人士提供有益参考。限于水平，教材中难免错误与疏漏。恳请全国佛教院校师生和社会各界关心佛教事业的人士斧正，惠赐宝贵意见。守正创新永无止境。本会也将在人才培养实践中适时对教材进行修订完善，推动佛教院校教材建设与时俱进，为全面建设社会主义现代化国家、实现中华民族伟大复兴的中国梦做出佛教界应有的贡献。

中国佛教协会会长　演觉

二〇二一年十月

目录

CONTENTS

绪　论

《摄大乘论》是印度瑜伽行派的主要典籍之一，其详细地阐述了唯识思想，并架构起唯识学的严密组织。同时，本论也是一部站在唯识学立场上的佛法概论。

一　《摄大乘论》的作者及造论的原由

本论作者是印度瑜伽行派的创始人——无著菩萨。无著菩萨，音译阿僧伽，生活年代为公元四五世纪，出生于北印度犍驮罗国的布路沙城，属于婆罗门种姓。其父名乔尸迦，母名比邻持，乔尸迦夫妇共生三子，无著菩萨为他们的长子，次子世亲，幼子狮子觉。据有关文献记载，兄弟三人皆出家，并且都很有成就，特别是无著与其弟世亲两人，在印度佛教史上可以说是划时代的重要人物。无著菩萨最初在化地部（一说萨婆多部）出家，对该部教义不能满足。后来从学于宾头卢罗汉修小乘空观，虽然较有所得，但仍意不甚安。其后，相传他上升兜率天从弥勒菩萨学习大乘空义，始得以安心悟入"唯识无境"的空观，并从弥勒受《十七地论》（《瑜伽师地论》），通达其义消除了多年来疑惑。从此以后，无著菩萨深感大乘佛法的殊胜，乃在印度盛弘大乘法相唯识的法门，成为龙树以后印度佛教思想史上最重要的论师之一。

无著菩萨是印度法相唯识学的奠基者与主要弘扬者。其系统地介绍出法相唯识学的思想根源——弥勒五论[①]：（1）《瑜伽师地论》，是五论中主要的一部；

[①] 弥勒五论：弥勒菩萨所说五部论典，此五部论汉传与藏传有所不同。汉传唯识系五论依据《瑜伽师地论遁伦记》为：《瑜伽师地论》《分别瑜伽》《大乘庄严经论》《辩中边论》《金刚般若论》。藏传有"慈氏五论"之说，据《布顿佛教史》所载：《现观庄严论》、《大乘庄严经论》、《分别中边论》（《辩中边论》）、《分别法法性论》、《最上要义论》（《究竟一乘宝性论》）。两说差别，其中《瑜伽师地论》藏地传为无著所造，《究竟一乘宝性论》汉地传为坚慧所造。《分别瑜伽论》汉藏俱不传，韩镜清居士认为汉地传说《分别瑜伽论》即为藏地传承《现观庄严论》。

（2）《分别瑜伽论》，我国无译本，不过《解深密经》里有一个《分别瑜伽品》，内容是弥勒就瑜伽法门向佛发问，由佛作答的，与该论相当；（3）《分别中边论》，亦名《辩中边论》；（4）《大乘庄严经论》；（5）《金刚般若论》。此外，他还对五论进行注释。在对弥勒五论极力弘扬的同时，无著菩萨还自撰多部著作。无著菩萨的著作在我国有汉、藏译本，合计约有三十部，重要的有下列几种。

1. 《摄大乘论》三卷，站在唯识学的立场总摄大乘义理，唐·玄奘译。

2. 《显扬圣教论》二十卷，是一部对《瑜伽师地论》从学说上重新有所组织的纲要性的著作。唐·玄奘法师于贞观十九年至二十年（645~646）译出。

3. 《顺中论》二卷，是配合《中论》而写的入大般若初品法门的书（释《中论》初二颂），全名是《顺中论义入大般若初品法门》。元魏·瞿昙般若流支译于武定元年（543）。

4. 《大乘阿毗达磨集论》七卷，对《大乘阿毗达磨经》的研究，是总括大乘义理的著作。唐·玄奘法师译于永徽三年（652）。

5. 《金刚般若波罗蜜经论》二卷，是提出七句义来解释《金刚经》的。隋·达摩笈多译于大业九年（613）。

6. 《能断金刚般若波罗蜜多经论颂》一卷，唐·义净译于景云二年（711）。

7. 《大乘庄严经论》十三卷，唐·波罗颇密多罗译于贞观四年至七年（630~633）。

8. 《究竟一乘实性论》四卷，元魏·勒那摩提译，翻译年代不详。

9. 《六门教授习定论》一卷，是讲瑜伽行方法的著作，唐·义净译于长安三年（703）。

无著菩萨上述的著作中，能够代表其唯识思想的著作为《摄大乘论》。无著菩萨最初在弥勒菩萨处受《十七地论》（相当于《瑜伽师地论·本地分》），可以说是唯识思想的根源。《十七地论》的主要思想是：一、诸识差别论；二、王所差别论；三、种子本有论；四、认识上所认识的境界，都不离自心，但诸法所依的离言自性，却各有它的差别自体。这种思想还没有完全达到"唯识为体"的唯识学。后依《本地分·菩萨地》而作的《大乘庄严经论》，才算是达到彻底的唯识思想，但是还欠缺详细的理论体系和严密的组织。因此在当时佛学界可以说没有一定的地位，并且很难让人接受，同时也遭到小乘学者的非议，认为是非佛说。无著菩萨为了圆满唯识思想体系，显示大乘殊胜义，而造《摄大乘论》以杜绝非议，开晓无知。故世亲菩萨在其《摄大乘论释》中云："今造此论，有所用者，为欲开晓无知者故。"①

"为欲开晓无知，显示大乘真是佛说"，在《摄大乘论》说来，是无著菩萨造论的主要目的所在。无著在这里所要开晓的"无知"有两种"无知者"，一为外道无知，二为小乘无知。外道无知主要表现在非因计因，外道不明赖耶三相，不达缘起之法，以致分别自性为因，分别宿作为因，分别自在变化为因。从而执着我为作者，我为受者，诽谤大乘正法。小乘无知则表现为不信大乘，对大乘法义不通达，而谤大乘非佛说。无著菩萨因此造论，总摄大乘法义，显示大乘殊胜，开晓无知。

二　《摄大乘论》所依经论

《摄大乘论》开篇言："《阿毗达磨大乘经》中，薄伽梵前，已能善入大乘菩萨，为显大乘体大故说，谓依大乘，诸佛世尊有十相殊胜殊胜语：一者，所知依殊胜殊胜语……由此所说诸佛契经诸句，显于大乘真是佛说。"于论末结说又言："《阿毗达磨大乘经》中《摄大乘品》，我阿僧伽略释究竟。"

可知《阿毗达磨大乘经·摄大乘品》，为本论主要依据经典。但从本论的内容来看，《摄大乘论》并非对《摄大乘品》进行详细的注疏，而是采用《摄大乘品》十种殊胜为纲要撰写本论，略释法要，成立唯识，统摄大乘。故本论也不拘泥于一经，而是广泛地引用《深密》《华严》《般若》等经论，在本论各分有明确出处的如下。

所知依分中引《解深密经·心意识品》"阿陀那识甚深细"一颂，证明阿陀那识；引《增一阿含经》《如来出现功德经》等，说明于声闻乘经典中，异门密意已说阿赖耶识；引《辩中边论》"一则名缘识"一颂，说明第八与前七识的不同作用。

所知相分中引《华严经·十地品》"如是三界，皆唯有心"经文，及《解深密经·分别瑜伽品》"慈氏菩萨问世尊，三摩地所行影像，与心当言有异？当言无异？"一段经文，成立诸法唯识所现的道理；引《般若经》义，对治菩萨的十种散乱；引《大乘方广经》《梵天问经》等经文，以依他起通二分释其深义。

入所知相分中引《分别瑜伽论》"菩萨于定位"二颂，说明修唯识观的内容

---

① 〔印〕世亲造、(唐)玄奘译《摄大乘论释》卷 1，CBETA，T31，no. 1597，p. 321，c2–3。

和次第；引《大乘庄严经论》"福德智能二资粮"五颂，说明修道的过程。

增上戒分中引《毗柰耶瞿沙方广契经》，说明菩萨学处有无量差别。

彼果智分中引《菩萨藏百千契经序品》十八圆满，说明净土庄严。

从以上所引经论来看，本论虽以《阿毗达磨大乘经·摄大乘品》的十种殊胜为纲领，广引《阿含》《华严》《般若》《深密》等典籍，概述大乘唯识法义的概论。

三　《摄大乘论》的译本和注释

《摄大乘论》在中国汉译本有三种。

1.《摄大乘论》二卷。后魏佛陀扇多于北魏普泰元年（531），在洛阳翻译的。这是《摄论》最早的译本，分上下两卷而不分章。

2.《摄大乘论》三卷（分上、中、下）。真谛三藏于陈天嘉四年（563），在广州制旨寺译出，由门人慧恺笔受。

3.《摄大乘论本》三卷。玄奘三藏于贞观二十二年（648）至二十三年（649）间，在长安翻译。勘同魏译本，唐本题末尾"本"字依《开元释教录》所加。

除上三种汉译本说法外，吕澂先生在其所译的《西藏传本摄大乘论》中，加隋笈多等译本共四种译本①，其实此本为笈多共行矩等所译的《摄大乘论释论》所含本论。至于西藏传本，吕澂先生认为约在公元9世纪，由印度胜友论师、戒王觉及西藏智军论师译出。吕澂先生在《西藏传本摄大乘论》第一分题解中，对比了四种译本译文出入，得出唯识古今学各传无著世亲学说，唯识今学之引据殊于旧文。唯识古学特异之处，可在藏本中得到确认，而体现藏本的弥足珍贵。

《摄大乘论》的释本，从印度译来中国的有世亲释和无性释两种，这两种释本在中国亦有四种译本。

1.《摄大乘论世亲释》十五卷。真谛三藏于陈天嘉四年，在广州制旨寺译出，由门人慧恺笔受。论首有道基和慧恺的序文，慧恺序略述了真谛的生平和业绩，以及这部论的翻译情形。全论的组织共分十品，每品又别为数章。当时

---

① 吕澂译《西藏传本摄大乘论》卷1："此论梵本传来中国，前后四译。初译元魏佛陀扇多出，次译陈真谛出，三译隋笈多等出，四译唐玄奘出，共经一百一十七年。"蓝吉富主编《大藏经补编》台湾华宇出版社，1986，第9册，第144页。

成立的摄论宗，就是以这个译本为根据。

　　2.《摄大乘论世亲释》十卷。隋天竺三藏笈多共行矩等于隋大业五年（609）在东部定林寺翻译的。全论分十品，各品又别为数章，殆与真谛译的相同，只是卷首，没有世亲的归仰序。

　　3.《摄大乘论世亲释》十卷。玄奘三藏于贞观二十二年至二十三年间，在长安翻译。

　　4.《摄大乘论无性释》十卷。玄奘三藏于贞观二十二年至二十三年间，在长安翻译。

　　《摄大乘论》世亲释与无性释两种释本，从作者来考察：世亲菩萨是无著菩萨直传弟子，是唯识思想的集大成者。从无性论师在释论中曾引用陈那《掌中论》来看，其应为陈那论师的后辈，为世亲菩萨以后的人。从主观而言，世亲菩萨其学说继承无著菩萨，应比无性论释忠实于《摄大乘论》原典。从内容上来考察：无性释对世亲释所未开释的地方有详细的解释。虽基本观点大体相同，但在具体问题上还是有所分歧。至于我们在学习《摄大乘论》上，两种释论都值得我们参考，以便全面把握《摄大乘论》思想。

　　《摄大乘论》三种汉译本历代汉文藏经均有收录：《开宝藏》（君、曰）①，《崇宁藏》（曰、严），《毗卢藏》（曰、严），《圆觉藏》（曰），《赵城金藏》（君、严），《资福藏》（曰、严、当），《碛砂藏》第16册（曰、严），《高丽藏》第16册（君、严），《普宁藏》（曰、严），《至元录》（圆、写），《洪武南藏》第85册（曰、严），《永乐南藏》（物、意、移），《永乐北藏》第101、105册（隐、情），《嘉兴藏》（隐、情），《乾隆藏》第83、86册（隐、情），《缩刻藏》（来），《卍正藏》第40、41册，《大正藏》第31册，《佛教大藏经》第36册，《中华藏》第29、30册。除此之外，民国期间南京支那内学院欧阳竟无居士选编《藏要》第一辑亦有收录本论。诸本中以《藏要》本为最佳，其对《摄大乘论》的三个汉译本，以及世亲释和无性释的汉译本进行校勘，还校对过西藏胜友等翻译的《摄大乘论》。

　　《摄大乘论》在汉地的注疏，根据现有的资料统计，就所依陈译本和唐译本，分别如下。

———————
　　①　（君、曰）：为藏经千字文编号，下同，不再加注。

1. 依陈译本注疏

表 1　依陈译本注疏

序号	著作	卷数	作者
1	《摄大乘论疏》	二十五卷	慧恺
2	《摄大乘论疏》	十六卷	法常
3	《摄大乘论疏》	四卷	智俨
4	《摄大乘论略疏》	五卷	普寂
5	《摄大乘论章》	十五卷	道基
6	《摄大乘论疏》	十卷	毗跋罗
7	《摄大乘论疏》	六卷	静嵩
8	《摄大乘论疏》		智凝
9	《摄大乘论疏》		僧辩
10	《摄大乘论疏》		慧休

表 1 中十种为注解真谛的译本，为摄论学重要文献。

2. 依唐译本注疏

表 2　依唐译本注疏

序号	著作	卷数	作者
1	《摄大乘论抄》	十卷	窥基
2	《摄大乘论疏》	十一卷	神廓
3	《摄大乘论疏》	七卷	玄范
4	《摄大乘论疏》	十卷	神泰

表 2 中四种是注解玄奘的译本。这些注疏，可惜大都佚失不传。

现代人《摄大乘论》注疏，具有代表性的主要有两种。

1. 印顺法师《摄大乘论讲记》

由印顺法师讲解，演培、妙钦、文慧诸师记录，收在《妙云集》中。本书共分科文、悬论、正释三部分。科文是对《摄大乘论》的分段科判。悬论是对本论外延问题所作的叙述，包括释题、本论的注释、翻译、组织、依据、地位等问题的说明。正释是本书的主要部分，逐句解说论文，对于某些重要问题还专设附论说明。

2. 王恩洋居士《摄大乘论疏》

《摄大乘论疏》是王恩洋根据多年研究而作的注释。作者站在正统的唯识宗立场，对《摄大乘论》逐句解释，疏中也常引用世亲、无性的释文，说理透彻。其是阅读《摄大乘论》重要的参考书。

四 《摄大乘论》的组织结构及主要内容

（一）《摄大乘论》在组织上，魏译没有分品分章。

陈译和隋译分为十品，每品又分为若干章。唐译分为十一品，但没有另外分章。十一品的内容，大段可分三部分：一为序论，是总标纲要分。二为本论，从所知依分第二乃至彼果智分第十一前多分。三为结论，论末最后一句。在本论中以境、行、果的十种殊胜，统摄大乘佛法要义。十种殊胜分别为：1. 所知依；2. 所知相，说明境的殊胜；3. 入所知相；4. 彼入因果；5. 彼因果修差别；6. 此中增上戒；7. 此中增上心；8. 此中增上慧，说明行的殊胜；9. 彼果断；10. 彼果智，说明果的殊胜。从十种殊胜的名义上来看，摄论的重心所在是唯识行证的实践，十种殊胜不单纯是为了理论的说教，更多是为了大乘修行的实践而开示的。

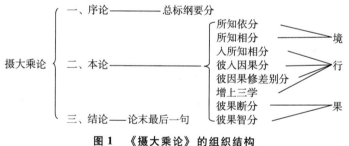

图1 《摄大乘论》的组织结构

（二）《摄大乘论》各品内容概要，介绍如下。

1. 《总标纲要分》第一：此分是本论的总论。引《阿毗达磨大乘经》，举出所知依等十种殊胜为全论大纲，显示"大乘是佛说并殊胜于小乘"本论撰作目的。

2. 《所知依分》第二：所知，谓所认识的对象——染净诸法。依是因义，为诸法生起的亲因——阿赖耶识。本分通过两部分来论述阿赖耶：一是论证阿赖耶识的存在；二是说明阿赖耶识差别。

（1）论证阿赖耶识的存在，由教证、理证两个方面来论证。在教证上引用《阿毗达磨大乘经》、《解深密经·心意识品》及小乘《阿笈摩》（如《增一阿笈摩》）等圣教量来证明阿赖耶的存在。在理证上，主要依染净诸法生起的角度。

从烦恼杂染、业杂染、生杂染、世间清净、出世间清净等五相来说明，这些内容可以归纳为持种、结生相续、持受、识与名色互为缘、四食、死时、灭尽定等七个方面。

（2）说明阿赖耶识的差别，着重说明种子三方面的特征。

①漏无漏种都由熏习生，有漏种由阿赖耶识与诸转识同时同处，俱生俱灭，赖耶带彼熏习而生；无漏种从善知识听闻正法，如理作意熏习而成。

②有漏种的分类：或分三种（名言种、我见种、有支种），或分两种（共相种、不共相种，有受尽相种、无受尽相种，粗重相种、轻安相种，具足相种、不具足相种）。此中共不共相种，共相种是现起器世间的依报种子，不共相种是现起根身的正报种子。

③无漏种寄阿赖耶识中，虽与阿赖耶识融合但性质不同。无漏种是清净无漏的，是法身、解脱身摄。

3.《所知相分》第三：所知相指所知法之相状。本分归纳为三相：一是依他起相；二是遍计所执相；三是圆成实相。三相在《解深密经·一切法相品》《瑜伽师地论·摄抉择分》等中都有比较详细的说明，本论除了继承前期经论所说的三相内容外，还通过引用经教、依修定者经验、理论成立、譬喻显示四方面来论证诸法唯识。

（1）由经教证明：本分引《华严经·十地品》"三界唯心"说；引《解深密经·分别瑜伽品》中慈氏菩萨请问世尊"三摩地所行影像，与此心有异无异"，世尊以"识所变，识所缘"回答一段；引《阿毗达磨大乘经》中菩萨成就四法，能悟入一切唯识无义。以此经教，来证明诸法唯识。

（2）依修定者的经验说明：此中举修不净观成就者，于定心中现青瘀等事，来说明一切所缘影像唯识所现。

（3）从理论上成立唯识：本分开头把依他起诸法归纳为十一识，谓身（五色根）、身者（染污意根）、受者识（无间灭意）、彼所受识（六尘）、彼能受识（六识）、世识（时间）、数识（一、二、三等数目）、处识（器界）、言说识（语言）、自他差别识（有情自他的差别）、善趣恶趣死生识（善恶趣的业果差别）。这十一识都以阿赖耶识种子为因，虚妄分别为自体，待缘显现。安立诸法依识为中心，由唯识相、相见二性、种种行相展开诸法唯识体系。

论中又进一步，从阿赖耶识本识因果上成立唯识。就赖耶种子为因性来说，五色根和六尘是赖耶的相识；意识及其所依止处末那识，是赖耶的见识。因五色根及六尘是前七转识生起的所缘相，五根及六尘是赖耶种子为因性的似义显现，其似义现起时能作为前七转识的生起依止。可见这相见二分不离赖耶种子为因性，就此统一一切识成立唯识无义。摄论此中体现一能变的唯识思想，与后来《成唯识论》的三能变思想，有着很大的区别。

（4）以譬喻显示：举出梦、幻诳、相焰，鹿爱等喻说明。诸喻中特明梦喻，梦喻明唯识，可以说是唯识理论建立的重要譬喻，后期如世亲等著作中亦常用之。诸法如同梦境虚幻不实，唯是心所变现。不能觉察梦境如幻，是因为梦未觉醒。如同我们当下不能觉察诸法唯识，是因为我们处于无明大梦中，未有觉醒一般。

4.《入所知相分》第四：入谓悟入。此分叙说悟入唯识三相方法和过程。由悟入者的资格、处所、次第、方便、方法、状况、功德、依止及修道情况等方面组成。

5.《彼入因果分》第五：彼指唯识性。此分主要讲悟入彼唯识性的因行和果德。悟入唯识性的因行，是加行时所修的六度，属于世间的有漏行。悟入唯识性的果德，是地上所修的六度，属于出世的无漏行。因此，广明六度。由六度的因果、建立、优越特征、次第安排、名称解释、修习、差别、摄受、所治、所得的胜利、相互抉择十一方组成。

6.《彼因果修差别分》第六：此分说明修道位需经历十地，从七方面来诠释修道位经历的十地。（1）列十地名；（2）十地安立的理由；（3）释十地各别得名的原由；（4）显示得十地有胜解、正行、通达、成满四相；（5）显示十地中依五相修，得五胜果；（6）显示十地依各特点，各别配修十波罗蜜多；（7）十地修行圆满的时间。

7~9. 增上三学：论中《增上戒学分》第七、《增上心学分》第八、《增上慧学分》第九，三分。戒、定、慧三学前后顺益，前为后因，故名增上。增上三学，主要阐明大乘三无漏学的殊胜。其中戒学由四门说明，定学、慧学分别用六门说明。

10.《彼果断分》第十：彼果，即佛果位。佛果上灭除了烦恼、所知二障，故称断果，即涅槃。此分以无住涅槃，为大乘断果。由无住涅槃的体相、转依的种类、各种转依的优劣等方面来说明。

11.《彼果智分》第十一：智是佛果位具足的三身，即自性身、受用身、变化身。此分广明三身，特就法身说明，由出体、十门分别、释妨难三部分组成，并详细地介绍了佛果位上正报的种种功德，及依报净土的种种庄严。

五 《摄大乘论》的地位和流传

在瑜伽行派思想进程中，无著菩萨集合和发挥了初期瑜伽师思想，为世亲菩萨组织完成唯识思想奠定了理论基础。《摄大乘论》正是瑜伽行派这一时期成熟作品，代表无著菩萨唯识思想的重要著作。

从《婆薮槃豆法师传》记载可知，无著菩萨传承的是弥勒菩萨《十七地经》。

> 阿僧伽译为无著，尔后数上兜率多天，谘问弥勒大乘经义。弥勒广为解说，随有所得。还阎浮提，以己所闻为余人说，闻者多不生信。无著法师即自发愿："我今欲令众生信解大乘，唯愿大师下阎浮提解说大乘，令诸众生皆得信解。"弥勒即如其愿，于夜时下阎浮提，放大光明，广集有缘众，于说法堂诵出十七地经。随所诵出，随解其义，经四月夜解十七地经方竟。虽同于一堂听法，唯无著法师得近弥勒菩萨，余人但得遥闻。夜共听弥勒说法，昼时无著法师更为余人解释弥勒所说，因此众人闻信大乘弥勒菩萨教。①

弥勒菩萨的署名著作中，瑜伽行派根本论典为《瑜伽师地论》。对于此论是否完全由弥勒菩萨所造，在学界一直有争议。有观点认为此论部分为弥勒菩萨所造，部分为无著菩萨假托弥勒菩萨所造。印顺法师研究认为，《瑜伽师地论》中《本地分》为弥勒菩萨所造，而论中抉择《本地分》的《摄抉择分》则为无著菩萨所造。② 代表弥勒菩萨唯识思想的《本地分》即为最初传入汉地之《瑜伽》或《十七地论》，这与《婆薮槃豆法师传》记载相符。以《本地分》为弥勒菩萨唯识思想代表，那么从《本地分》到《摄大乘论》的思想历程，可以说是印度瑜伽行派思想成熟的历程。

印顺法师在其《摄大乘论讲记·悬论》中，作了详细分析。③ 首先，就弥勒菩萨的《本地分》与无著菩萨的《摄抉择分》进行比较，认为《本地分》虽提出境不离心，但色心各有自体，还是不彻底的唯识思想。《摄抉择分》在继承《本地分》思想的同时，提出了自己的观点。如在种子上放弃《本地分》的本有

---

① （陈）真谛译《婆薮槃豆法师传》卷 1，CBETA, T50, no. 2049, p. 188, a7-9。
② 参见印顺《摄大乘论讲记》，《妙云集》第 6 册，台湾正闻出版社，1984，第 10 页。
③ 参见印顺《摄大乘论讲记》，《妙云集》第 6 册，第 10 页。

说，提出新熏说。其次，再与无著菩萨依《本地分·菩萨地》而造的《大乘庄严经论》进行比较，认为对初期弥勒唯识思想进行了彻底的改造，不许色心各有自体。直到《摄大乘论》问世，认为对《庄严论》和《摄抉择分》的思想进一步完善。《摄大乘论》种子新熏、王所差别、境不离识、一心七转同时转向多心论趋势，可以说是唯识思想的真正完成，为后世世亲唯识集大成奠定理论基础。

从瑜伽行派典籍来考察，此派除《瑜伽师地论》根本论外，另有十支论来阐述唯识支分义理，《摄大乘论》为其中之一。相较十支论优劣，欧阳竟无居士在《瑜伽师地论叙》中云：

> 复次，十支之中，《摄论》最胜，《百法》、《五蕴》，略不及详故；《杂集》、《法相》，博不及要故；《分别瑜伽》但释止观，六度三学，此独详故；《辩中边论》明中道义，对恶取空，此明十地，正诠所修故，二种唯识，立破推广，提挈纲领，此最宜故；《庄严》诠大，意在庄严，此论诠大，意独在入故；《显扬》诠教，意重闻思，此诠入地，意重修慧故；是为最胜，应此钻研，是为《摄大乘论》以简小入大为宗义。①

欧阳居士从内容义含上，对十支论作了比较，得出《摄大乘论》最殊胜的结论，从中也可表明《摄大乘论》在瑜伽行派典籍中的地位。其作为瑜伽行派重要典籍，自然引起大家对其关注和研究。《摄大乘论》在印度有世亲与无性两大论释外，传来中国不管新旧二译，都对中国佛教摄论义学研究和唯识宗派成立产生深远影响。

《摄大乘论》传来中国，最早虽是后魏佛陀扇多译本，但因其没有传译世亲等论释，故而没有产生太大的影响。直到陈真谛三藏重新译出《摄大乘论》及世亲、无性论释，以及真谛三藏极力弘扬，始引起广泛的关注，直至形成专宗《摄大乘论》的摄论学派。

真谛法师来华，时逢乱世，在华期间颠沛流离，译经事业向来坎坷。虽然如此，但其学说，在南北朝时期，可以说为中国佛教义学研究注入了新鲜血液。真谛法师所弘偏宗《摄大乘论》②，曾与弟子们一起发愿弘扬《摄大乘论》与

---

① 欧阳竟无：《欧阳竟无内外学》，商务印书馆，2017，第154页。
② （唐）道宣撰《续高僧传》卷1："自谛来东夏，虽广出众经，偏宗摄论。"CBETA，T50，no.2060，p.430，b11-12。

《俱舍论》，誓无断绝①，使摄论之学在南陈流行于广东、江西、湖南等地。隋唐时期摄论学由真谛法师第一代弟子弘扬，遂于建康、长安盛行。

真谛所传摄论第一代弟子有慧恺、智敷、道尼、法泰、曹毗、僧宗、慧旷等人。这些人在未师真谛前，都是当时南方的宗匠大师。他们的影响力为摄论学在南方弘扬发挥了作用，也是真谛法师在南方开展译经事业的重要支持。摄论学北传得益于由北方到南方避难的高僧昙迁、靖嵩，及道尼北上长安。此三人将《摄大乘论》带回北地弘扬，形成北地摄论三大系。

摄论学派的创立与传播，对唐代唯识宗的创立，有着深远的影响。相关文献记载，玄奘大师去印度之前，曾向摄论师学习相关义理。回国后，所成立的译场中，亦有摄论师担任征义。② 至于摄论学派的衰微，是在玄奘大师翻译的唯识典籍出现后。考察其原因大概有二：1. 唯识宗之成立，关于唯识理论大家关注点转向《成唯识论》，《摄大乘论》不过十支论之一，而不能独尊。2. 玄奘大师重新翻译《摄大乘论》，玄奘师徒创建自宗中，批判旧译，摄论学派衰微亦属情理中事。

六　释题

本论的题目《摄大乘论本》，可以分作两部分，即总题和别题。"论"为总题，是一切"论藏"的通称。梵语为"阿毗达磨"，意译为"对法"，指明示教法之意。将经典所说之要义加以分别、整理，或解说，称为论。瑜伽论十五曰："研究抉择，教授教诫。为断有情所疑惑故，故称为论。"据此，"论"是指一类用来教授学生、抉择教义的著作。

"摄大乘"是本论的别题，即本论专有的题目。"摄"在这里有"含摄""统摄"的意思。从两方面来说明：一是以总摄别，摄论总举十种殊胜，把大乘经中各别的义理总摄起来。佛陀应对不同根基的众生说法，在不同的经典中，说六度、十地等法，现今摄论用十殊胜，把大乘经中各别所说的法总摄起来，以更系统、更直接地展现大乘佛法的精髓，显示大乘的殊胜。二是以略摄广，摄论以简要的十种殊胜，广摄大乘一切法义。

---

① （唐）道宣撰《续高僧传》卷1："及恺之云亡，谛抚膺哀恸。遂来法准房中，率尼响敷等十有二人，共传香火。令弘摄舍两论，誓无断绝，皆共奉旨，仰无坠失。"CBETA, T50, no. 2060, p. 431, c10-13。
② 参见圣凯《摄论学派研究》上册，宗教文化出版社，2006，第46页。

"乘"有"车乘""运载"的意思，指能把人、物从此运载到彼的工具，或把人、物从此运载到彼的作用。我们凡夫众生，因无明烦恼，迷失本性，轮回生死。在轮回的迷道上，众苦交迫，不得出离。佛陀悲悯众生，授以种种法门，使众生脱离轮回苦海，这种能使众生从生死的此岸出离到解脱的彼岸的法门，从比喻义上说其为"乘"。又因这些解脱的方法和到达的目的不同，有大小乘的区别。

大乘的"大"字，即梵语"摩诃"，含有大、多、胜三义。实际上只是一个"大"义，只是有"从多显大"和"从胜显大"的区别。《十二门论宗致义记》云，"大"有七义：

> 一、对小超过故；二、能至大处故；三、大人所乘故，亦是曾运大；四、利用广大故；五、多所乘故，亦是现运大；六、广大甚深故，谓广尽其边，则是无边之边，量智境也。深穷其底，则是无底之底，理智境也；七、摄功德大故，佛经自说。①

在这七义中，第一、第五、第六、第七，是从多显大。说明了大乘法包含小乘法，内容比小乘法更广博甚深。如《大智度论》所云："大乘可以含容小乘，能容纳它，所以是大。"第二、第三、第四，是从胜显大。说明大乘中某些思想是小乘法所没有的，是大乘特有的不共法。这也正是本论所要阐述的种种殊胜。

另窥基大师在《杂集论述记》中解释"大乘"云："大谓弘广，七义相应，形小之辞。乘谓运载教理行果，津运之义。"对于七义，引《杂集论》十一云：

> 一、境大性，无量教法为境界故；二、行大，行二利故；三、智大，了二空故；四、精进大，三劫修难行行故；五、善巧大，不住生死涅槃故；六、证得大，证得百四十不共法故；七、业大，穷生死际作佛事故。②

这七义更多地显示了大乘佛法的殊胜，说明了大乘何谓"大"的理由。此外，在教理行果上亦能显示大乘的殊胜。1. 教大乘者，谓诠大乘三藏教法，文

---

① （唐）法藏述《十二门论宗致义记》卷1，CBETA，T42，no.1826，p.220，a10-16。
② （唐）窥基撰《杂集论述记》卷1，CBETA，X48，no.796，p.5，a15-19//Z 1：74，p.306，a11-15//R74，p.611，a11-15。

义广名大，有津运曰乘；2. 理大乘者，谓真理，众德所依，能持诸法，胜遍称大，六度等行，乘此真理，能有所往，故名大乘；3. 行大乘者、谓六度等运载名乘，体用弘广，目之为大；四、果大乘者，谓诸佛所有菩提涅槃，体业胜遍，名之为大，自他兼运，目之为乘。因大乘法，在教理行果上都称大乘，并且诸佛皆乘此大乘法到达彼岸，亦乘此大乘法度化众生，使之脱离苦海。故而从大乘法的体性及功用上名之为"大乘"。所以无性在其《摄大乘论释》中云："乘大乘性，故名大乘。亦乘亦大，故名大乘。"

"摄大乘"，因本论摄大乘一切法义，所以名之为"摄大乘"。又本论是以《阿毗达磨大乘经》中的《摄大乘品》为所依而造的，所以叫作"摄大乘"。本论以十种殊胜统摄大乘一切法义，显示大乘不共小乘。这十种殊胜从境、行、果三方面来说明大乘殊胜，在十种殊胜中，第一、第二为境的殊胜；第三至第八是行的殊胜；第九、第十是果的殊胜。以此境、行、果三者皆殊胜，说明大乘不共义理。

"本"为根本的意思，这个"本"在玄奘译本有，是依《开元释教录》加上去的，以简别世亲和无性的释论。同时，亦说明本论为世亲和无性造释论的根本。

论题中，"论"能诠之体，"摄大乘"是所诠之法，"本"为标识摄论学之根本论。故而合之为论题《摄大乘论本》。

七 《摄大乘论教程》的撰写

《摄大乘论教程》是佛学院本科《摄大乘论》教学辅助读物，属原典类辅助教材。作为原典类教材，忠实原典是其基本原则。本教程在此原则上，以 CBE-TA 电子佛典玄奘译《摄大乘论》为原典文本，对文本进行白话释义和注释。以期达到学生在学习《摄大乘论》时，可作为理解文义之辅助参考。

《摄大乘论》作为印度瑜伽行派主要典籍之一，历来受到教界及学界的重视，亦有大量相关注疏及研究文献。在诸文献中世亲菩萨和无性菩萨的释论，[①]可谓学习《摄大乘论》首选资料，亦是《摄大乘论》义理之宗本。本教程在释义中，除采用白话消文外，义理皆以二大菩萨释论为归趣。用意以实现方便今

---

① 世亲和无性各著《摄大乘论释》10卷，收于《大正藏》瑜伽部·瑜伽行派论疏中。（CBETA, T31, no. 1597, p. 321~no. 1598, p. 449）

人阅读，同时不偏《摄大乘论》正义。本教程在注释上，根据末学在闽南佛学院多年讲授《摄大乘论》之经验，对论文关键名词进行解释，释词以唯识学相关工具书释义为优先，部分作现代解读。其中释词与释论不符者，以释论为参考进行解读。

本教程作为《摄大乘论》辅助教材，在综述上采纳了现有《摄大乘论》相关研究成果，以概括《摄大乘论》要义。在章节结构上参考印顺法师《摄大乘论讲记》科判，对其删繁就简，运用现代章节编目对内容进行梳理，以清晰内容纲要。论文释义上以阐释文本要义为主，不作逐字逐句消文，以精简篇幅，适合教材使用。名词注释上不作重复注释，以首次出现为原则，除文本中不同文义另作注释外。各章章前内容概要作为内容导读，阐述一章要义。章后小结，综述一章文义，以方便把握全章义理。各章思考题，就全章核心内容提出，以方便领会一章核心思想。

本教程在编撰过程中除释义部分，为末学在学院授课讲义基础上进行精简外，主要参考以下资料，罗列于此，以备查阅。

1. 著作

《摄大乘论释》，世亲著，玄奘译。

《摄大乘论释》，无性著，玄奘译。

《摄大乘论疏》，王恩洋著，闽南佛学院教材。

《摄大乘论讲座》，韩境清，网络资源。

《摄大乘论讲记》，印顺讲，演培、妙钦、文慧诸师记，《妙云集》第6册，台湾正闻出版社。

《摄大乘论》，王健释译，中国佛教经典宝藏精选白话版，第74册，佛光山宗务委员会印行。

《摄论学派研究》，圣凯著，宗教文化出版社。

《唯识学概论》，韩廷杰著，台湾文津出版社。

《唯识通论》，周贵华著，中国社会科学出版社。

2. 文章

《摄论大意》，欧阳竟无，现代佛教学术丛刊第30册。

《摄大乘论导读》，高振农，网络资源。

《摄论大义》，王少湖，现代佛教学术丛刊第96册。

《摄大乘论释义》，唐仲容，四川省佛学院讲义。

《摄大乘论发微》，济群法师，网络资源。

本教程得以编撰，感恩闽南佛学院的培养，让末学能够游心法海，浅尝法味。在编撰的过程中，学院领导多次关心并提供各种方便，为我按时完成本教程提供了保障。导师傅新毅教授在修订方面给予了宝贵建议，使本教程得以臻臻。同时，学院教导处各位同人，主动分担行政工作，使我专心于此，也一并感谢。诸多因缘成就，不胜枚举，以此功德，回向诸上善人，共成菩提。

第一章　总标纲要分第一

【本章导读】

随着大乘的弘扬，其积极、新进、平等、慈悲的教义也被民众所接受。在大乘教理得到弘传的同时，相应也引起一些对大乘教理的质疑。在对大乘佛法的质疑上，一些人直接追溯教法产生的根源，质疑大乘佛法是否佛说的高度上来。无著菩萨为了回应大乘非佛说的质疑，显示大乘佛法的殊胜，确立大乘是佛说，引《阿毗达磨大乘经》中所知依等十种殊胜为全论大纲，以十种殊胜统摄大乘法义。举出"大乘是佛说并殊胜于小乘"的中心论点，以开晓无知。[①]

本章作为全论序分，依印顺法师科判分为两节四部分内容。第一节成立大乘是佛说，依次包含总标纲要、显示大乘殊胜、显示大乘真是佛语三部分内容。第二节依十相殊胜次第统摄大乘法义，说明十种殊胜次第安排，及以此十种殊胜次第统摄大乘法义。

---

① 〔印〕世亲造、（唐）玄奘译《摄大乘论释》卷1："今造此论有所用者，为欲开晓无知者故。"CBE-TA, T31, no. 1597, p. 321, c2-3。此中无知者，指对大乘异议者。

第一节 成立大乘是佛说

一 总标纲要

《阿毗达磨大乘经》[1] 中，薄伽梵前[2]，已能善入大乘菩萨[3]，为显大乘体大故说。谓依大乘，诸佛世尊有十相殊胜殊胜语[4]：一者，所知依[5]殊胜殊胜语；二者，所知相[6] 殊胜殊胜语；三者，入所知相[7] 殊胜殊胜语；四者，彼入因果[8] 殊胜殊胜语；五者，彼因果修差别[9] 殊胜殊胜语；六者，即于如是修差别中增上戒[10] 殊胜殊胜语；七者，即于此中增上心[11] 殊胜殊胜语；八者，即于此中增上慧[12] 殊胜殊胜语；九者，彼果断[13] 殊胜殊胜语；十者，彼果智[14] 殊胜殊胜语。由此所说诸佛世尊契经[15] 诸句，显于大乘真是佛语。

【释义】

《阿毗达磨大乘经》中，成就大乘功德的菩萨，在世尊前，为了显示大乘体大故，举出所知依等诸佛十相殊胜殊胜语。通过由此所说十相殊胜殊胜语，显示大乘真是佛语。

【注释】

[1]《阿毗达磨大乘经》：《阿毗达磨大乘经》是古印度的一部大乘经典，未传译到中国来。阿毗达磨，梵文 Abhidharma 的音译，论藏，成立于公元前后。含有对向涅槃、辨析法数、折伏他论、通释契经的四种意思。论首举《阿毗达磨大乘经》言，以明本论所依为大乘经，本论与大乘教不相违，以论述大乘体大故。

[2] **薄伽梵前**：薄伽梵，梵文 Bhagavat 的音译，意译世尊，佛十号之一。意为有德、能破、世尊、尊贵，即有德而为世所尊重者之意。对有德圣者之敬称。

《佛地经论》卷1："薄伽梵者，谓薄伽声依六义转：一、自在义，二、炽盛义，三、端严义，四、名称义，五、吉祥义，六、尊贵义。……是故如来名薄伽梵其义云何？谓诸如来永不系属诸烦恼故，具自在义；焰猛智火所烧炼故，具炽盛义；妙三十二大士相等所庄饰故，具端严义；一切殊胜功德圆满无不知故，具名称义；一切世间亲近供养咸称赞故，具吉祥义；具一切德常起方便利益，安乐一切有情无懈废故，具尊贵义。"①

本论列"薄伽梵前"，有三义：（1）大乘法由佛所说，以表示恭敬；（2）于佛前说，得佛开许，无有异议；（3）堪为证明，证明所说不违圣教。

〔3〕**善入大乘菩萨**：成就大乘法、义、咒、忍四种陀罗尼功德的净心位菩萨。② 大乘，梵语 Manāyāna 的意译，音译摩诃衍那，相对小乘而言。小乘寻求自我解脱教，而大乘追求一切智，利益一切众生之菩提教。

〔4〕**殊胜殊胜语**：第一个殊胜指所显示的法，第二个殊胜指能显的教（见印顺法师《摄大乘论讲记》）。本论依十相殊胜教理行果。说明大乘真是佛语。

〔5〕**所知依**：阿赖耶识异名之一，因为阿赖耶识是遍计所执性、依他起性、圆成实性一切所知染净诸法之所依。

〔6〕**所知相**：遍计所执性、依他起性、圆成实性，因此三性为所应知法的相状，故名所知相。

〔7〕**入所知相**：唯识性。悟入唯识性，是通达遍计所执性、依他起性、圆成实性所知诸法相状之所，故称为入所知相。

〔8〕**彼入因果**：六波罗蜜多是行者悟入唯识性的行法，因谓加行时世间六波罗蜜法，果谓见道后出世间六波罗蜜法。

〔9〕**彼因果修差别**：修习彼六度因果成就之十地差别，于十地中修习彼六度，转展殊胜，转展进步之差别。

〔10〕**增上戒**：菩萨十地修行中所依之戒，谓菩萨律仪，以成就一切善法，不造作一切恶业，来利益一切众生。

〔11〕**增上心**：菩萨十地修行中，所修大乘甚深禅定谓增上心。

〔12〕**增上慧**：菩萨修行趣证智慧，依智慧而修学谓增上慧，以证得无分别本根智。

〔13〕**彼果断**：菩萨修行断烦恼、所知二障，所成就的无住涅槃。

〔14〕**彼果智**：菩萨修行转八识成四智，成就法、报、化三身果德。亦指菩萨十地修行以无分别根本智，对治一切烦恼、所知障，圆满殊胜佛智。

〔15〕**契经**：佛所说经藏。佛所说经藏，上契合诸佛之理，下契合众生根

① 〔印〕亲光造、（唐）玄奘译《佛地经论》，CBETA, T26, no.1530, p.292, a24−26。

② 〔印〕世亲造、（隋）笈多共行矩等译《摄大乘论释论》卷1："善入大乘者，谓得陀罗尼等功德。显示得彼功德已，于文于义能正持正说故，此菩萨名善入大乘。"CBETA, T31, no.1596, p.271, c15−17。

机，故称谓契经。

二　显示大乘殊胜

复次，云何能显？由此所说十处，于声闻乘[1] 曾不见说，唯大乘中处处见说，谓阿赖耶识[2]，说名所知依体。三种自性：一、依他起自性[3]，二、遍计所执自性[4]，三、圆成实自性[5]，说名所知相体。唯识性[6]，说名入所知相体。六波罗蜜多[7]，说名彼入因果体。菩萨十地[8]，说名彼因果修差别体。菩萨律仪[9]，说名此中增上戒体。首楞伽摩[10]，虚空藏[11]等诸三摩地[12]，说名此中增上心体。无分别智[13]，说名此中增上慧体。无住涅槃[14]，说名彼果断体。三种佛身：一、自性身[15]，二、受用身[16]，三、变化身[17]，说名彼果智体。由此所说十处，显于大乘异声闻乘；又显最胜，世尊但为菩萨宣说。是故应知但依大乘，诸佛世尊有十相殊胜殊胜语。

【释义】

复次，如何通过十相殊胜殊胜语，显示大乘真是佛语？此十相殊胜殊胜语，佛陀在声闻乘教法中不曾见说，唯在大乘教法中处处见说。其分别以阿赖耶识为所知依体；三种自性为所知相体；唯识性为入所知相体；六波罗蜜多为彼入因果体；菩萨十地为彼因果修差别体；菩萨律仪、大乘禅定、无分别智为增上三学体；无住涅槃为彼果断体；三种佛身为彼果智体。通过此十处殊胜教法，简别大乘不同于声闻乘，殊胜于声闻乘，世尊只为大乘根性菩萨所说。故应知只有依大乘，诸佛世尊有此十相殊胜殊胜语。

【注释】

[1] **声闻乘**：声闻是梵文 śrāvakayāna 意译，谓佛世亲闻佛言，信受教诲，精进修学，悟四谛理，出离三界，自求涅槃者总称。后相对大乘而言之小乘佛法。

[2] **阿赖耶识**：梵文 ālayavijñāna 音意合译，唯识学所说之第八识，意谓藏识。因此识能受一切诸法影响而含藏诸法种子，成为将来诸法生起之因缘。同时，此识被第七末那识执为自内我，成为一切法缘起之亲因。

[3] **依他起自性**：唯识学所立三自性之一，说明一切诸法依他众缘所生的

缘生性。

[4] **遍计所执自性**：唯识学所立三性之一，说明有情众生于依他起法上假立名相，在名相上起情执，错误地认为诸法有实在自性。

[5] **圆成实自性**：唯识学所立三自性之一，说明破除我法二执，证得二空所显的诸法真如自性。

[6] **唯识性**：唯识学主张世间一切诸法不离心识所有，皆是阿赖耶识缘起，假名安立，唯有识性。一切诸法无非遍计所执自性、依他起自性、圆成实自性所摄，通达此三性皆悟入唯识性。

[7] **六波罗蜜多**：波罗蜜梵文 pāramitā 音译，意谓度，即大乘菩萨六种度众生从生死此岸到解脱彼岸的方法。分别为布施波罗蜜多、持戒波罗蜜多、忍辱波罗蜜多、精进波罗蜜多、禅定波罗蜜多、般若波罗蜜多。

[8] **菩萨十地**：大乘菩萨修行六度转展增胜，于见道后所修历的十个位次。依次为极喜地、离垢地、发光地、焰慧地、极难胜地、现前地、远行地、不动地、善慧地、法云地。

[9] **菩萨律仪**：律仪，戒律仪则，佛所制之戒律可以使人防非止恶，是众生立身处世的仪则。其内容包含摄律仪戒、摄善法戒、饶益有情戒。菩萨律仪指大乘菩萨所行，以利益一切有情为宗旨的所有戒法。

[10] **首楞伽摩**：梵文 Sūraṁgama 音译，又称首楞严，义为健行，谓发菩提心之大乘健者（菩萨）所行之禅定。修此禅定，一切魔都不能破坏。

[11] **虚空藏**：梵文 ākāśagarbhaḥ 意译，大乘菩萨所修禅定之一，此禅定成就不二空慧，如虚空一样含藏一切功德。

[12] **三摩地**：梵文 samādhi 音译，意译为等持、正定、正心行处。即远离惛沉掉举，心专住一境之禅定。

[13] **无分别智**：指舍离主客观之相，而达平等之真实智能。亦即远离名相概念等虚妄分别之世俗认识，唯对真如之认识能如实而无分别。

[14] **无住涅槃**：又称为无住处涅槃，"无住"即"无着"，诸佛依第一义谛，不执着诸法，生死即涅槃，涅槃即生死。以大智故不迷生死，应化世间；以大悲故不住涅槃，度化众生，称之为无住涅槃。

[15] **自性身**：佛三身之一，亦称法性身，法身。谓诸如来具无边际真常功德，是一切法平等实性，即此自性，亦名法身，是名自性身。

[16] **受用身**：佛三身之一，亦称报身。受用身有两种：一者，自受用身，谓诸如来修习无量福慧所起无边真实功德，恒自受用广大法乐也；二者，他受

用身，谓诸如来由平等智，示现微妙净功德身，居纯净土，为住十地诸菩萨众，现大神通，转正法轮，令彼受用大乘法乐。

[17] **变化身**：佛三身之一，亦称应化身。谓诸如来以不思议神力，变现无量随类化身，居净秽土，为未登地诸菩萨众及二乘等，称其机宜，现通说法，令其各得诸利乐事，是名变化身。

三　显示大乘真是佛语

复次，云何由此十相殊胜殊胜如来语故，显于大乘真是佛语，遮声闻乘是大乘性？由此十处于声闻乘曾不见说，唯大乘中处处见说。谓此十处，是最能引大菩提性[1]；是善成立；随顺无违；为能证得一切智智[2]。

此中二颂：

"所知依及所知相，彼入因果彼修异，三学彼果断及智，最上乘摄是殊胜。

此说此余见不见，由此最胜菩提因，故许大乘真佛语，由说十处故殊胜。"

【释义】

复次，如何由此十相殊胜殊胜如来语，说明大乘真是佛语，声闻乘非大乘性？首先，此十相殊胜教法世尊唯于大乘中说，不见于声闻乘中说；其次，此十相殊胜教法能够引发大乘因性，所诠义理能善成立，依此修行能够随顺无上菩提，证得一切智智。故此十相殊胜殊胜语能说明大乘真是佛语，说明大乘殊胜于声闻乘。

【注释】

[1] **大菩提性**：梵文 Samyaksaṃbodhi，菩提意译为觉、智、知、道。广义而言，乃断绝世间烦恼而成就涅槃的智慧。即佛、缘觉、声闻各于其果所得的觉智。此三种菩提中，以佛之菩提为无上究竟，故称阿耨多罗三藐三菩提，译作无上正等正觉、无上菩提，即大菩提。指佛菩提相对于声闻、缘觉的菩提而言。《成唯识论》卷一云："由断碍解所知障故，得大菩提。"①

[2] **一切智智**：梵文 Sarvajñāna 意译，义谓智中之智。区别声闻、缘觉一

① 〔印〕护法等造、（唐）玄奘译《成唯识论》，CBETA，T31，p. 1。

切智，名佛智为一切智智。佛智以菩提心为因、以大悲为根、以方便为究竟。以菩提心为因者，谓佛证清净自性。以大悲为根者，谓佛大悲愿，拔众生之苦，大慈与众生乐。以方便为究竟者，佛以种种方便利益众生，为一切智智之果。

第二节　依十相殊胜次第统摄大乘法义

复次，云何如是次第说此十处？谓诸菩萨于诸法因要先善已，方于缘起[1]应得善巧。次后于缘所生诸法，应善其相，善能远离增益损减二边过[2]故。次后如是善修菩萨应正通达[3]，善所取相，令从诸障心得解脱。次后通达所知相已，先加行位[4]六波罗蜜多，由证得故应更成满，增上意乐[5]得清净故。次后清净意乐所摄六波罗蜜多，于十地中分分差别，应勤修习；谓要经三无数大劫[6]。次后于三菩萨所学，应令圆满。既圆满已，彼果涅槃及与无上正等菩提，应现等证。故说十处如是次第。又此说中一切大乘皆得究竟。

【释义】

复次，为何以上说十相殊胜次第来安立此十相殊胜？从菩萨发心修学大乘法至成就无上菩提的修学次第来安立十相殊胜。所知依说明诸法缘起之因，了知诸法缘起，树立大乘正见，而不非因计因。进而了解缘生诸法之相状，远离增益和损减二边执着，于缘起中道见得以生起。此后，菩萨应善修诸相唯是虚妄分别，无有实在自性，离分别无有诸法，而悟入唯识性，通达诸法实相，令心得解脱。通达诸法实相，先于加行位修习世间六度，成就增上意乐，进而继续修习出世间六度，成满增上意乐为清净增上意乐，以此来说明彼修习因果。菩萨成就清净增上意乐，于十地勤修习六度，地地增胜，经过三无数大劫使其圆满。菩萨所修总括为增上戒、定、慧三学，令其圆满。三学圆满，现证彼果无住涅槃及无上正等菩提。此中十相殊胜次第安立如是，又此十相殊胜统摄大乘一切法义。

【注释】

[1] 缘起：梵文 pratītya-samutpāda 意译，义谓"由彼此关涉而生起"。缘起

是佛教基本理论，是对生命、存在的基本看法，即一切有为法都是借由各种因缘而起。

[2] **增益损减二边过**：谓增益执和损减执两种过失。增益执谓对无有自性的缘生诸法，就因缘生妄自增益执为有实有，亦名常见；损减执谓对无有自性的缘生诸法，就无自性妄自损减执为一切皆无，亦名断见，故称为二边过。

[3] **正通达**：唯识宗所立菩萨修行五位之通达位，又称见道位。五位分别为资粮位、加行位、通达位（见道位）、修道位、究竟道位。通达位菩萨完成第一阿僧祇劫之修行，登入初地，体会真如智，通达中道理。

[4] **加行位**：唯识宗所立菩萨修行五位之加行位，《摄大乘论》中把资粮位和加行位合称为胜解行地。加行位菩萨于十回向后，修行暖、顶、忍、世第一之四种善根（加行）位。

[5] **增上意乐**：梵文 adhyāśaya，意谓以清净信为先，对佛法生起绝对的信解。

[6] **三无数大劫**：又称三阿僧祇劫，阿僧祇劫，梵文 Asaṁkhyeyakalpa，意谓无数长时。三无数大劫，为菩萨修行成佛的年数。《摄大乘论》认为，菩萨从初发心修菩萨道直至成佛，须经过三无数大劫的时间修行。就菩萨修行五位而言，资粮、加行二位修行为第一阿僧祇劫，自初地到七地修行为第二阿僧祇劫，自八地到十地圆满为第三阿僧祇劫。

小结

本章内容分为两小节：第一节标例十相殊胜为本论纲要，以阿赖耶识等安立所知依等十相殊胜语体，就教理行果成立大乘真是佛语，说明大乘殊胜于声闻乘，作为本论宗旨。第二节以菩萨修习次第来说明十相殊胜编列次第，并且以此来统摄大乘一切法义，以明摄大乘之题。

本章内容在结构上以四个问题来组织：第一，为显大乘体大，诸佛世尊说十相殊胜，明大乘真是佛语；第二，为说明大乘殊胜，以阿赖耶识等说明所知依等体，此教法于声闻乘不曾见说，于大乘处处见说；第三，说明大乘真是佛语，以十相殊胜所摄教是最能引发大菩提因性，所阐理是善成立大乘，所说行随顺无违大菩提果，所证果为成就一切智智；第四，以十相殊胜次第统摄大乘法义，统摄大乘。

思考题

1. 论文开头标明《阿毗达磨大乘经》中，薄伽梵前，已能善入大乘菩萨于说十相殊胜，有何深意？

2. 为何说十相殊胜真是佛语并且殊胜于声闻乘？

3. 为何说十相殊胜统摄一切大乘法义？

第二章　所知依分第二

【本章导读】

　　本章重点在于阐明染净诸法的所依阿赖耶识，故而着重从圣教及理论两方面来证明赖耶的存在，同时也详细探讨了与之相关的问题，比如大乘甚深缘起、种子、熏习、赖耶与转识的关系、赖耶差别相、属性等。本章从结构上分为两节：第一节，从圣教安立阿赖耶识；第二节，从理论上成立阿赖耶识。

第一节　从圣教安立阿赖耶识

一　引菩萨乘教证

（一）释阿赖耶识

1. 引教证

此中最初且说所知依，即阿赖耶识。世尊何处说阿赖耶识名阿赖耶识？谓薄伽梵于阿毗达磨大乘经伽他[1]中说：

"无始时来[2]界，一切法等依，由此有诸趣，及涅槃证得。"

即于此中复说颂曰：

"由摄藏诸法，一切种子识，故名阿赖耶，胜者我开示。"

【释义】

引《阿毗达磨大乘经》教，说明所知依即是阿赖耶识。"无始时来界，是一切法所依止，以此为依，有六道诸趣流转和解脱涅槃的证得。"此中"界"者，因义，种子义。① 而作为诸法缘起因性的"一切种子识，由摄藏诸法种子，故名阿赖耶识"。

从所引教证可知，无始时来作为所知诸法所依的界，就是诸法缘起之因——种子，即阿赖耶识。以无始时来诸法缘起所依，名为所知依；以摄藏诸法种子，名为阿赖耶识。

【注释】

[1] **伽他**：一切经分为十二种类，伽他为十二类经之一。他音陀，梵文Gāthā，译作讽颂又作孤起颂。以偈颂的形式来说法，所说的内容与长行文无关，是直接以偈颂形式来表达文意。

[2] **无始时来**：始，开始、最初，无始即无有最初，无有第一因，展现世间因缘转展相生的缘起真相。

---

① 〔印〕世亲造、（唐）玄奘译《摄大乘论释》卷1："界者谓因，是一切法等所依止，现见世间于金矿等说界名故。"（CBETA，T31，no.1597，p.324，a23-24）〔印〕无性造、（唐）玄奘译《摄大乘论释》卷1："界者因也，即种子也。"（CBETA，T31，no.1598，p.383，a6）

2. 释赖耶

如是且引阿笈摩[1]证。复何缘故此识说名阿赖耶识？一切有生杂染品法，于此摄藏为果性故；又即此识，于彼摄藏为因性故；是故说名阿赖耶识。或诸有情摄藏此识为自我[2]故，是故说名阿赖耶识。

【释义】

何因缘故此识名为阿赖耶识？以摄藏义，执藏义此识名为阿赖耶识。

一切杂染诸法于赖耶中转，与赖耶俱生俱灭，杂染品法熏习赖耶成长种子，被赖耶摄藏。杂染诸法是赖耶能摄藏种子的果，赖耶所摄藏种子是杂染诸法的因。

又赖耶摄持诸法种子一类相续不断，一切有情从其相续不断摄藏为自我。

【注释】

[1] 阿笈摩：梵文 Āgama 音译，义谓传来，依老师弟子传承的教说。阿笈摩是玄奘法师新译，古译为"阿含"。因为一般被认为是《阿含经》统称，这里指三世诸佛传承而来的一切佛法。

[2] 自我：因第八阿赖耶识杂染诸法互为因缘，转辗相生，摄藏诸法种子，一类相续不断，被第七末那识妄执为自内我，即我们众生俱生我执。

（二）释阿陀那识

1. 引教证

复次，此识亦名阿陀那识。此中阿笈摩者，如《解深密经》[1]说：

"阿陀那识甚深细，一切种子如瀑流，我于凡愚[2]不开演，恐彼分别执为我。"

【释义】

引《解深密经》教，明此识亦名阿陀那识。

"阿陀那识甚深微细，其摄藏种子如瀑布一样川流不息，一类相续。此教法我于凡愚众生不开演，因其太深奥故，恐怕他们虚妄分别执为自我。"

【注释】

[1]《解深密经》：唯识宗所依六经之一，梵文经名 Sandhinirmocana。《解深

密经》，五卷，唐玄奘于贞观二十一年（647）在弘福寺译出。相传此经梵文广本有十万颂，今译是其略本，一千五百颂，译文分八品。在唐译以前，此经曾经被译过三次：第一次，刘宋元嘉中（424~453），中印度求那跋陀罗在润州江宁县东安寺译，名《相续解脱经》，一卷，只有最后两品。第二次，元魏延昌三年（514），北印度菩提流支在洛阳少林寺译，名《深密解脱经》，五卷，开为十一品。第三次，陈天嘉二年（561），西印度真谛在建造寺译，名《解节经》，一卷，只有前两品（开为四品）。此外还有西藏译本。

本经解释大乘境、行、果的深义，一共八品：第一《序品》是序分，第二《胜义谛相》，以下七品是正宗分。又正宗七品，可摄为三类：初四品明所观境，次二品辨能观行，后一品显所得果。（见中国佛教协会编《中国佛教》）

[2] **凡愚**：凡指具足爱见烦恼的凡夫，愚指不明大乘法的二乘人。

2. 释阿陀那识

　　何缘此识亦复说名阿陀那识？执受一切有色根[1] 故，一切自体[2] 取所依故。所以者何？有色诸根，由此执受，无有失坏，尽寿随转[3]。又于相续正结生时[4]，取彼生故，执受自体。是故此识亦复说名阿陀那识。

【释义】

何因缘故此识又名谓阿陀那识？以执受五色根，执取自体故。

在人的一期生命中，五色根（色身）由赖耶执受，随顺而转不散坏。在生命相续结生时，因赖耶执受相续为一期生命自体。以赖耶执受色根不散坏，执受一期生命自体的作用命名谓阿陀那识。

【注释】

[1] **有色根**：谓眼、耳、鼻、舌、身五色根，这里指色身。

[2] **自体**：谓生命自体，生命在转生过程中，因赖耶执受而相续。

[3] **尽寿随转**：寿谓寿命，随一期生命而转。五色根因赖耶执受，一期生命中随赖耶而转而不散坏。

[4] **相续正结生时**：生命前后期相续谓结生相续（梵文 pratisaMdhibandha），前期生命结束后，结生因缘成熟相续为后期生命，正结生时，因赖耶持受彼为生命体而相续。

（三）释心意识

1. 引教证

> 此亦名心，如世尊说："心意识三。"

【释义】

引余教"心意识三"，明阿赖耶识亦名"心"。《大方广佛华严经·入不思议解脱境界普贤行愿品》云："积集名心，末那思量，意识分别，眼等五识，了境不同。"① 又，《解深密经·心意识相品》云："此识（阿赖耶识）亦名为心。何以故？由此识色声香味触等积集滋长故。"② 此中阿赖耶识即心体，以积集义故名心。

2. 明意

> 此中意有二种：第一，与作等无间缘[1] 所依止性，无间灭识能与意识作生依止。第二，染污意与四烦恼恒共相应：一者萨迦耶见[2]，二者我慢[3]，三者我爱[4]，四者无明[5]；此即是识杂染所依[6]。识复由彼第一依生，第二杂染；了别境义[7] 故。等无间义故，思量义[8] 故，意成二种。

【释义】

"心意识三"此中意有两种：第一，无间灭意，此意是等无间缘所依，及意识无间相续的生依止。第二，染污意，恒与我见、我慢、我爱、我痴四种根本烦恼相应故；也是前六识杂染的所依。以无间义、思量义，意成两种。

识谓前六识，依第一无间灭意而生灭相续，依第二染污意而杂染，了别尘境。

【注释】

[1] **等无间缘**：四缘之一，梵文 samanantarapratyaya，又称次第缘，于心心所相续上所立之缘。心心所前后相续，前念心法灭去，引起后念心法之作用。前后念平等无间相续，故谓等无间缘。

---

① 见（唐）罽宾国三藏般若奉诏译《大方广佛华严经·入不思议解脱境界普贤行愿品》卷6，CBETA，T10, no. 293, p. 688, a3-4。
② 见（唐）玄奘译《解深密经·心意识相品》卷1，CBETA，T16, no. 676, p. 692, b17-18。

[2] **萨迦耶见**：梵文 sat-kāya-dṛṣṭi 音译，意译五蕴和合之身，妄执五蕴法体为实我，妄执和合身为我所。于身起我、我所执故，又称为人我见，身见。于为四根本烦恼之一。

[3] **我慢**：梵文 ātma-māna，因我、我所执而妄自尊大，轻蔑他人。为四根本烦恼之一。

[4] **我爱**：梵文 ātma-sneha，又称我贪，即贪爱自我，迷恋自我。为四根本烦恼之一。

[5] **无明**：梵文 Avidyā，痴暗之心，于诸事理不能明了，障覆真性。为四根本烦恼之一。

[6] **杂染所依**：八识活动，总计需要九缘，其中第七末那识为染净依。一切染净诸法皆依此识而转。前六识分别色等六尘境，受末那影响起诸烦恼，则转为染法；如果修诸善业，则转为净法，故谓末那识是染净依，是前六识杂染所依。

[7] **了别境义**：指眼、耳、鼻、舌、身、意前六识具有明白了别粗显的对象——色、声、香、味、触、法六境之作用。

[8] **思量义**：指第七末那识恒审思量第八识为我，第七识在思量上胜过其他识，故用思量义来命名第七末那识为思量识。

3. 释染污意

复次，云何得知有染污意？谓此若无，不共无明[1] 则不得有，成过失故。又五同法[2] 亦不得有，成过失故。所以者何？以五识身必有眼等俱有依[3] 故。又训释词亦不得有，成过失故。又无想定[4] 与灭尽定[5] 差别无有，成过失故。谓无想定染意所显，非灭尽定；若不尔者，此二种定应无差别。又无想天[6] 一期生中，应无染污成过失故，于中若无我执我慢。又一切时我执现行现可得故，谓善、不善、无记心中；若不尔者，唯不善心彼相应故，有我我所烦恼现行，非善无记。是故若立俱有现行，非相应现行，无此过失。

此中颂曰：

"若不共无明，及与五同法。训词二定别，无皆成过失。

无想生应无，我执转成过。我执恒随逐，一切种无有。

离染意无有，二三成相违。无此一切处，我执不应有。

真义心当生，常能为障碍。俱行一切分，谓不共无明。"

此意染污故，有覆无记[7]性，与四烦恼常共相应。如色无色二缠烦恼，是其有覆无记性摄，色无色缠为奢摩他[8]所摄藏故；此意一切时微细随逐故。

【释义】

论中提出六个理由来成立染污意，分别如下。

若无染污意，不共无明不得有成过失。不共无明者，无始恒行障碍真义智，为众生生死根本，一切烦恼所依。"谓于一切善不善无记烦恼随烦恼位中，染污意相应俱生无明。"① 若无染污意，不共无明不能成立，故成过失。

若无染污意，五同法喻不得有成过失。五同法，谓前五识不共俱有依五色根。此中，以前五识必有五色根同法作为不共俱有依为喻，证成第六意识定有不共俱有依意根。因第六意识与前五识相似故，若无第七染污意（意根），则五同法喻成过失。

若无染污意，"心意识三"的解释不得有，成过失。心，集起义，谓第八识。意，思量义，谓第七识。识，了别义，谓前六识。如果没有第七染污意，那么对"心意识三"的解释就不能成立，成为过失。

若无染污意，无想定与灭尽定就无差别，成为过失。无想定与灭尽定，二者差别在于有无染污意。无想定唯灭前六识心心所，前六识不起现行故无想受。灭尽定除灭前六识心心所，还兼灭第七染污意。若无染污意，二定差别不得有，而成过失。

若无染污意，无想天中无有染污，成过失故。无想天为习无想定果报处，色界第四禅之广果天。生此天者，念想灭尽，仅存色身及不相应行蕴，故称无想天。如果没有染污意，无想天众生寿尽起念想时不与我见、我慢等四烦恼相应，亦不起我执。与无我解脱的圣人无别，无想天应是无漏真解脱处，有大过失。

若无染污意，一切时我执恒行不得有，成过失。因染污意恒与四根本烦恼相应，故凡夫众生于善、恶、无记一切念中皆与我、我所烦恼相应。如果没有染污意，则凡夫众生唯于第六意识非善念中与我、我所烦恼相应，善、无记念中不相应，与凡夫众生现状不符，成过失。

综上所述，定许成立染污意，离诸过失。若无染污意，那么就无有不共无

---

① 〔印〕世亲造、（唐）玄奘译《摄大乘论释》卷1，CBETA，T31，no. 1597，p. 326，a24~25。

明及同法喻；"心意识三"无训释词，二定无差别，无想天无我执转与事实相违；一切时我执恒转不得有。染污意于一切善恶分恒随俱行，能够障碍真义智生起，谓之不共无明。

　　染污意的性质为有覆无记，此识恒与四根本烦恼相应，能障碍真义智生起故有覆。此识行相一切时微细随逐不明显故无记，如同色界、无色界二缠烦恼。

【注释】

　　［1］**不共无明**：唯识宗分不共无明为二：一是恒行不共无明，指与第七末那识相应之无明。此无明乃一切凡夫无始以来相续不断者，与我见、我爱、我慢三大惑相应，能障碍真义智。二是独行不共无明，指与第六意识相应，然与贪等本惑不相应而独行的无明。独行不共无明复依与忿、恨等随烦恼，而有俱起、不俱起之别，其与随烦恼不俱起者，称为主独行不共无明；反之，与随烦恼俱起者，称为非主独行不共无明。

　　［2］**五同法**：谓与第六意识相似之前五识。眼、耳、鼻、舌、身前五识有眼等五根及阿赖耶识为俱有依，作为相似法之第六意识亦应有第七意根及阿赖耶识为俱有依。①

　　［3］**俱有依**：心、心所法同时俱有，为其所依之法。据《成唯识论》卷四记载，所依唯限内六处，理由有四：一是决定之义，二是有境之义，三是为主之义，四是令心、心所取自所缘。具足以上四义者，唯五根与第六、七、八等三识，故为心、心所法之俱有依。从能依心来分别，前五识有四种俱有依，第六识有两种，七识、八识分别一种。四种俱有依为：一是同境依，六根与六识同时缘境；二是分别依，依第六意识分别诸法；三是染净依，染净分位依第七染污意而差别；四是根本依，阿赖耶识是诸识生起根本。此中同境依为前五识不共俱有依。论中言"五识身必有眼等俱有依"即指不共俱有依也。②

　　［4］**无想定**：灭前六识心、心所之定，为色界第四静虑所摄。得此定令前六识心及心所一切不行，唯第七识俱生我执，与第八识仍在，不离根身，依此身心分位假立。因前六识心、心所不起现行故，又称无心定。

　　［5］**灭尽定**：梵文 Nirodhasamāpatti，又名灭受想定。二无心定之一。灭尽六识心心所而不使起之禅定。灭尽定者，三果以上圣人，欲暂止息受想劳虑，

---

① 〔印〕世亲造、（唐）玄奘译《摄大乘论释》卷1："五同法者，第六意识与五识身有相似法。彼有五根、阿赖耶识为俱有依，此亦如是有染污意、阿赖耶识为俱有依。" CBETA, T31, no.1597, p.326, a27—b1。

② 〔印〕护法等菩萨造、（唐）玄奘译《成唯识论》卷4，CBETA, T31, no.1585, p.20, a24。

依于非想非非想定，游观无漏以为加行，乃得趣入，入此定已，前六识心及心所一切不行，唯第七识俱生法执，与第八识仍在，不离根身，依此身心分位假立。与无想定差别，修无想定，前六识不起现行，修灭尽定，兼灭第七识的染分心王心所。

［6］无想天：修无想定成就之果报处，在色界之第四禅天。修无想定有情舍报后，生无想天，五百大劫心心所不起行，唯第七末那俱生我执与赖耶现行。

［7］有覆无记：为"无覆无记"的对称。若以道德之性质为准则，一切诸法可大别为善、恶、无记等三大类。其中，无记系指非善、非不善，不能记为善业或恶业之法，又可分为有覆与无覆两种。覆有二义：一是覆障，谓染法覆障圣道；二是覆蔽，谓染法能覆蔽心识令不净故。合此二义，称为有覆。有覆无记其性染污，覆障圣道，又能蔽心，使心不净；然因其势用弱，不能引生异熟果，故称为有覆无记，即指能覆障圣道的非善非恶之法。

［8］奢摩他：梵文 Śamatha 音译，又作舍摩他、奢摩陀、舍摩陀。禅定七名之一。译曰止、寂静、能灭等。谓摄心于所缘不散乱，能止息一切杂念，灭散乱烦恼。

4. 释心

心体第三，若离阿赖耶识，无别可得。是故成就阿赖耶识以为心体，由此为种子[1]，意及识转①。何因缘故亦说名心？由种种法熏习[2]种子所积集故。

【释义】

"心意识三"：意，思量义，体谓染污意；识，了别义，体谓前六识；心，积集义，体离赖耶无有别法可得。以赖耶为心体，有诸法种子、意及前六识转起。由赖耶能积集摄藏诸法熏习种子因缘，命名赖耶为心。

【注释】

［1］种子：唯识学基本理论之一，指阿赖耶识能生起一切诸法的功能。此能生功能，如同草木种子，故以种子喻名。唯识学认为，前七转识现起善恶诸

---

① 此中以赖耶为种子，由第七意识及前六识转起的表述，说明了赖耶与前七识的关系，即"一种七现"。蕴含着"一本七转"的一能变思想，一切染净诸法皆有阿赖耶识（所知依）为根本所变现，差别于世亲唯识学三能变思想。

行为，影响第八阿赖耶识，并于阿赖耶识中保留善恶诸行为之习气，成来将来善恶行为果之因。赖耶种子有两类：一是本有种子，这是无始以来，第八识中，十法界种子俱全，此类种子皆是本有的，故又名"本性住种"；二是新熏种子，这类种子，不是原来有的，而是由前七识的现行为因，回熏第八识，又成为新的种子藏入于阿赖耶识中，故又名"习所成种"。

〔2〕**熏习**：前七转善恶现行，影响阿赖耶识，于赖耶中保留善恶等习气，这种过程称为熏习。如同花香熏染衣服，于衣服中保留花的香气一样。

二　引声闻乘教证

（一）声闻乘不说赖耶等原因

复次，何故声闻乘中不说此心名阿赖耶识，名阿陀那识？由此深细境所摄故。所以者何？由诸声闻，不于一切境智[1]处转，是故于彼，虽离此说，然智得成，解脱成就，故不为说。若诸菩萨，定于一切境智处转，是故为说。若离此智，不易证得一切智智[2]。

【释义】

为何于声闻乘教法中，不说此心名为阿赖耶识、阿陀那识，而为大乘菩萨说？原因如下。

首先，阿赖耶识行相甚深微细，非声闻智所能了，恐彼分别执为我，故不开演。①

其次，声闻乘人不求一切智智，离赖耶教不妨碍声闻乘解脱智成就，故不为说。

最后，大乘菩萨，圆满无上菩提，需要证得一切智智。离赖耶教，不易证得一切智智，故为大乘菩萨开演赖耶教。

【注释】

〔1〕**一切境智**：佛菩萨有两种智能，一为观真实理智，二为观一切境智。一切境智者，观世间一切境界而无碍的智能。如《大乘本生心地观经》卷8《发菩提心品 十一》云："善男子！贤圣二心其相云何？一者，观真实理智。二

---

① 见（唐）玄奘译《解深密经》卷1《心意识相品三》："阿陀那识甚深细，一切种子如瀑流，我于凡愚不开演，恐彼分别执为我。"CBETA, T16, no.676, p.692, c22-23。

者，观一切境智。"①

[2] **一切智智**：三智之一，指佛智。梵文 Sarvajñāna 意译一切智，混声闻缘觉之智，为分别彼一切智，而名佛智为一切智智，又称一切种智。据《大智度论》载，三智分别为：（1）一切智，声闻缘觉之智也。知一切法之总相者。总相即空相也。（2）道种智，菩萨之智也。知一切种种差别之道法者。（3）一切种智，佛智也。佛智圆明，通达总相别相化道断惑一切种之法者。②

（二）引声闻乘教别说赖耶

复次，声闻乘中亦以异门密意[1]，已说阿赖耶识，如彼《增一阿笈摩》说："世间众生，爱阿赖耶，乐阿赖耶，欣阿赖耶，喜阿赖耶；为断如是阿赖耶故，说正法时，恭敬摄耳，住求解心，法随法行。如来出世，如是甚奇希有正法，出现世间。"于声闻乘《如来出现四德经》中，由此异门密意，已显阿赖耶识。于大众部[2]阿笈摩中，亦以异门密意，说此名根本识，如树依根。化地部[3]中，亦以异门密意，说此名穷生死蕴。有处有时见色心断，非阿赖耶识中彼种有断。

【释义】

世尊于声闻乘教法中虽没有明显开演赖耶教，但是于声闻乘教法中以密意别说赖耶教。如在《增一阿笈摩》中《如来出现四德经》异门密意已说"爱阿赖耶、乐阿赖耶、欣阿赖耶、喜阿赖耶"。于大众部经典中，异门密意说为根本识。于化地部经典中，异门密意说为穷生死蕴。

1. 声闻乘教法《增一阿笈摩·如来出现四德经》：爱阿赖耶、乐阿赖耶、欣阿赖耶、喜阿赖耶。

摄论世亲释云：

世间众生爱阿赖耶者，是总标句。如其次第，复以余句约就现在、过去、未来三时别释。复有别义，谓于现在爱阿赖耶、于过去时乐阿赖耶。由先世乐阿赖耶故，复于今世欣阿赖耶。由乐由欣阿赖耶故，于未来世喜

---

① 见《大乘本生心地观经》卷 8《发菩提心品 十一》，CBETA, T03, no. 159, p. 328, c15-17。
② 见（后秦）鸠摩罗什译《大智度论》卷 27《序品 一》："一切智是声闻、辟支佛事，道智是诸菩萨事，一切种智是佛事。"CBETA, T25, no. 1509, p. 259, a20-23。

阿赖耶。①

摄论无性释云：

> 爱阿赖耶者，此句总说贪着阿赖耶识。乐阿赖耶者，乐现在世阿赖耶
> 识。欣阿赖耶者，欣过去世，已生阿赖耶识。喜阿赖耶者，喜未来世，当
> 生阿赖耶识。此性于彼极希愿故，由乐欣喜是故总名爱阿赖耶。②

综上所述，爱、乐、欣、喜四阿赖耶，世亲及无性菩萨认为，"爱"是总
说，乐、欣、喜分三世说。乐指现在世，欣为过去世，喜为未来世。乐、欣、
喜皆是爱的意思，只是爱的程度不同。我门众生因过去、现在、未来三世中皆
爱执阿赖耶识故流转生死。

大众部阿笈摩中异门密意说阿赖耶识为根本识，"如树依根"。

摄论世亲释云：

> 如树依根者，谓根本识为一切识根本因故。譬如树根茎等总因，若离
> 其根茎等无有。阿赖耶识名根本识，当知亦尔。③

2. 化地部阿笈摩说此识为穷生死蕴。

摄论无性释云：

> 化地部等者，于彼部中有三种蕴。一者，一念顷蕴，谓一刹那有生灭
> 法。二者，一期生蕴，谓乃至死恒随转法。三者，穷生死蕴，谓乃至得金
> 刚喻定恒随转法。此若除彼阿赖耶识，余不应有。但异名说阿赖耶识，如
> 名诸蕴决定无有穷生死故。④

此中"穷生死蕴"如果是指单纯的五蕴说不能成立，因无尽生命中有处
（无色界）、有时（无心定）色心有间断。故唯有赖耶与之相应，因色心间断，

---

① 〔印〕世亲造、（唐）玄奘译《摄大乘论释》卷2，CBETA，T31，no. 1597，p. 327，a4-9。
② 〔印〕无性造、（唐）玄奘译《摄大乘论释》卷2，CBETA，T31，no. 1598，p. 386，a5-10。
③ 〔印〕世亲造、（唐）玄奘译《摄大乘论释》卷2，CBETA，T31，no. 1597，p. 327，a11-13。
④ 〔印〕无性造、（唐）玄奘译《摄大乘论释》卷2，CBETA，T31，no. 1598，p. 386，a23-27。

非赖耶色心种子断。

【注释】

[1] **异门密意**：异门，即别门；密意，即隐晦说。用不同的方式，隐秘地表达所说要义。

[2] **大众部**：部派佛教根本部派之一，佛灭后众弟子在王舍城灵鹫山七叶窟内外结集经典，在窟内结集的，名"上座部"，在窟外结集的，名"大众部"。

[3] **化地部**：Mahiśāsaka，音译摩酰奢娑迦，或弥喜舍娑柯，意译谓地、教地、正地，人名也。小乘二十部之一。佛灭后三百年由说一切有部而别立者。此部之主，本是国王，为领有土地之人，故名化地部。为上座部系统，然其所说颇近大众部。即称现在有体，过未无体者，于见道主张以空无我之行相而现观一时，亦否定无有中有，许五识有杂染之力，立九无为说，立预流果有退罗汉果无退之说。据传，无著菩萨于此部出家。

三　总结成立阿赖耶识

阿赖耶如是所知依，说阿赖耶识为性，阿陀那识为性，心为性，阿赖耶为性，根本识为性，穷生死蕴为性等；由此异门，阿赖耶识成大王路[1]。

【释义】

从上引圣教，以阿赖耶识、阿陀那识、心、爱等四阿赖耶，根本识、穷生死蕴等，成立阿赖耶所知依。

【注释】

[1] **大王路**：国王的道路，平坦无障碍，以此来喻阿赖耶教善成立。

四　释异说

复有一类，谓心意识义一文异。是义不成，意识两义差别可得，当知心义亦应有异。复有一类，谓薄伽梵所说众生爱阿赖耶，乃至广说，此中五取蕴[1]说名阿赖耶。有余复谓贪俱乐受[2]名阿赖耶。有余复谓萨迦耶见[3]名阿赖耶。此等诸师，由教及证，愚于藏识，故作此执。如是安立阿赖耶名，随声闻乘安立道理，亦不相应。若不愚者，取此藏识安立彼说阿赖耶名，如是安立则为最胜。云何最胜？若五取蕴名阿赖耶，生恶趣中一向苦处，最可厌逆，众生一向不起爱乐，于中执藏不应道理，以彼常求速舍离故。若贪俱乐受名阿赖耶，第四静虑以上无有，具彼有情常有厌逆，于中执藏亦不应理。若萨迦耶见名阿赖耶，于此正法中信解无我者，恒有厌逆，于中执藏亦不应理。阿赖耶识内我性摄，虽生恶趣一向苦处求离苦蕴，然彼恒于阿赖耶识我爱随缚，未尝求离。虽生第四静虑以上，于贪俱乐恒有厌逆，然彼恒于阿赖耶识我爱随缚。虽于此正法信解无我者厌逆我见，然彼恒于阿赖耶识我爱随缚。是故安立阿赖耶识名阿赖耶，成就最胜。

【释义】

异说一：

外人就"心意识三"提出疑问，认为"心意识"只是文字的差别，意思是相同的，并非各有别义。

论主释疑：是义不成，非正理。意、识两义有差别可得，六识身前后无间相续名为意，了别境界名为识。可见，心义不同于意识，应当有别义可得。

异说二：

外人设疑：世尊在声闻乘教法中所说的"爱阿赖耶等"，其所指的应该是"五取蕴""贪俱乐受""萨迦耶见"，而非阿赖耶识。

论主释疑，先总释：此等声闻乘诸师由此疑问，是因为其教法不圆满，所证不究竟，故而对阿赖耶识教不能明白，有此错误的执着。以"五取蕴"等安立赖耶，就是与声闻乘教法也是不相应的。如果能明白赖耶教，那么以阿赖耶识来安立阿赖耶，可以说为最殊胜。

次别释：若安立"五取蕴"为阿赖耶，生恶趣中众生，五蕴身常处苦处。对此五蕴身一向厌逆不起爱乐，于此五蕴身起执藏，不应道理。

生恶趣众生，虽然对五蕴身常起厌离心。但是，对内我性所摄的赖耶深深爱执，不得脱离其系缚，而生于恶趣常处苦处。

若安立"贪俱乐受"为阿赖耶，四禅以上众生，以无想定成熟异熟。无想定灭前六识心、心所而成就，对贪俱乐受起厌离心，于此起执藏不应理。

四禅以上众生，虽然对贪俱乐受起厌离心。但是，其第七末那恒执赖耶为我，使之我爱系缚不得解脱。

若安立"萨迦耶见"为阿赖耶，听闻正法者，对正法所宣说的无我教义生起信解，对我见生起执藏不应理。

对正法所宣无我理生起信解者，在生死未解脱前，虽然修学法义破除我见，但是因我见未破依然恒执赖耶为我，被我爱系缚。

是故安立阿赖耶识为阿赖耶，最为殊胜。

【注释】

[1] **五取蕴**：蕴，聚集的意思。取，谓烦恼异名。谓众生由此色、受、想、行、识五蕴，积聚成身。复因此身，积聚有为烦恼等法，能受无量生死。

[2] **贪俱乐受**：能贪执心贪执所贪执乐受，能贪所贪同时谓之"俱"。

[3] **萨迦耶见**：梵文 satkāyadṛṣṭi 音译，意译为身见，坏聚见。五见之一，认为身为五蕴和合，而五蕴之法体实有，故缘五取蕴，而执着于我及我所为实有等之妄见，又称为有身见，此系说一切有部所立。本论所破即为于五蕴上执有实在法体之法我论。

第二节　从理论上成立阿赖耶识

一　赖耶三相

如是已说阿赖耶识安立异门，安立此相云何可见？安立此相略有三种：一者安立自相；二者安立因相；三者安立果相。此中安立阿赖耶识自相者，谓依一切杂染品法所有熏习为彼生因，由能摄持种子相应。此中安立阿赖耶识因相者，谓即如是一切种子阿赖耶识，于一切时与彼杂染品类诸法现前为因。此中安立阿赖耶识果相者，谓即依彼杂染品法无始时来所有熏习，阿赖耶识相续而生。

【释义】

阿赖耶识略有三相：一、自相，谓依杂染诸法熏习赖耶成种子为彼杂染诸法生起的因。由于赖耶摄持种子不失故，使之现熏种、种生现于阿赖耶识得以实现，是赖耶自相。二、因相，谓一切种子阿赖耶识。阿赖耶识受杂染诸法熏习成种子，这种子被赖耶所摄藏，以赖耶为自性，所以称赖耶为诸法种子。一切时作为诸法现前因的种子赖耶，即为赖耶因相。三、果相，赖耶无始受杂染诸法熏习，相续不断，谓之果相。此中果相，就赖耶受熏的角度来安立，赖耶因受熏，而有相续而生的果。

二　种子熏习

复次，何等名为熏习？熏习能诠。何为所诠[1]？谓依彼法俱生俱灭，此中有能生彼因性，是谓所诠。如苣蕂[2]中有花熏习，苣蕂与花俱生俱灭，是诸苣蕂带能生彼香因而生。又如所立贪等行者，贪等熏习，依彼贪等俱生俱灭，此心带彼生因而生。或多闻者，多闻熏习，依闻作意俱生俱灭，此心带彼记因而生，由此熏习能摄持故，名持法者。阿赖耶识熏习道理，当知亦尔。

【释义】

能熏法与所熏法俱生俱灭，所熏法受能熏法影响，具有生彼能熏法之因性，谓之熏习。如苣蕂与花放一起，受花影响带有花香；贪行者受贪行为影响而具有贪心；多闻者因多闻思惟，摄持法义。阿赖耶识受前七转识熏习之理，当知亦如是。

【注释】

[1] **能诠、所诠**：能诠，能诠显，指某一法能够表诠一定的意义；所诠，所表诠的意义。如“善”这个法，能表诠好的、有益的、合乎道德的等等含义。从“善”与其所表诠的含义的关系来说，善是能诠，所表诠的含义为所诠。

[2] **苣蕂**：jù shèng，据南宋法云《翻译名义集》卷3记载：谓胡麻，子油性高，用来榨油涂身。其草形如大麻，赤花青叶。①

三　赖耶与种子的关系

复次，阿赖耶识中诸杂染品法种子，为别异住？为无别异？非彼种子有别实物于此中住，亦非不异。然阿赖耶识如是而生，有能生彼功能差别，名一切种子识。

---

① （南宋）法云：《翻译名义集》卷3：“阿提目多伽，旧云善思夷华，此云苣蕂子，苣蕂胡麻也。又云此方无故不翻，或翻龙舐华。其草形如大麻，赤华青叶。子堪为油，亦堪为香。”CBETA, T54, no. 2131, p. 1104, a5-8。

【释义】

阿赖耶识中杂染品法种子，为别异住？为无别异？

非种子别有实体安住于阿赖耶识中，赖耶受诸法熏习为种子，以赖耶为自性摄持于赖耶，故种子与赖耶于体上无别异。

阿赖耶识受诸法熏习为种子，具有能生彼诸法的功能，就生诸法之用，名为一切种子识。在用上与赖耶有别异。

赖耶与种子，体上无异，用上有异。[①]

关于赖耶与种子非一非异的关系，世亲论师与无性论师有不同解释。无性论师如上说，采用体用论来说明。世亲论师则从避免说"异""不异"的过失，认为不可定取"异""不异"。

世亲论师认为，如果有异，种子和赖耶应该有分别。赖耶刹那生灭，能生诸法的功能不应成立。新熏种子受善恶力熏习成善恶种子，无记种子不应成立。如果无异，赖耶一味相续，如何有多种子？可见有异无异皆有过失，为避免过失故说非一非异。即赖耶和种子同一自性，种子并不是另有自性安住赖耶中。就赖耶生诸法的功能性，名为一切种子识，即种子是赖耶的一种功能体现。[②]

四　赖耶与前七的关系

复次，阿赖耶识与彼杂染诸法同时更互为因，云何可见？譬如明灯，焰炷生烧，同时更互。又如芦束互相依持，同时不倒。应观此中更互为因道理亦尔。如阿赖耶识为杂染诸法因，杂染诸法亦为阿赖耶识因，唯就如是安立因缘，所余因缘不可得故。

云何熏习无异无杂，而能与彼有异有杂诸法为因？如众缬具[1]缬所缬衣，当缬之时，虽复未有异杂非一品类可得，入染器后，尔时衣上便有异杂非一品类染色绞络文像显现。阿赖耶识亦复如是，异杂能熏之所熏习，于熏习时虽复未有异杂可得，果生染器[2]现前已后，便有异杂无量品类诸

---

① 〔印〕无性造、（唐）玄奘译《摄大乘论释》卷2："释曰：一切法种子是阿赖耶识功能差别，如法作用与诸法体非一非异，此亦复尔。"CBETA, T31, no.1598, p.388, a14–16.

② 〔印〕世亲造、（唐）玄奘译《摄大乘论释》卷2："释曰：阿赖耶识中杂染法种子，为异、为不异？若尔何失？若有异者，彼诸种子应分别，阿赖耶识刹那灭义亦不应成，有别异故。由善不善熏习力故，种子应成善不善性，然许无记。若不异者，云何有多？此不应理。是故二说俱有过失。非彼种子有别实物于此中住，亦非不异，乃至名一切种子识者，为避如前所说过失，故不定取异及不异。"CBETA 2022.Q4, T31, no.1597, p.328, a19–27.

法显现。

【释义】

杂染诸法即前七识现行，阿赖耶识与前七识互为因缘。如明灯，灯焰与灯柱，相互生烧；芦束相互依持，同时不倒。赖耶与前七杂染互为因缘，亦如是安立。前七杂染无始熏习赖耶，使之相续而生，前七是赖耶因。又赖耶受前七杂染熏习成杂染种子，为前七现行之因。

无有杂染现行差别之赖耶，为何可以作为前七杂染现行差别的因？如染具染印衣物，印时无花纹，入染缸后各种花纹显现一样。阿赖耶识亦如是，前七杂染熏习赖耶成种子，因赖耶行相微细故无异杂可得，当种子生果，起种种现行，故有异有杂可见。

【注释】

［1］缬（xié）具：缬为有花纹的丝织品，缬具就是印染丝织品的工具。

［2］果生染器：果生即染器，名果生染器①。意谓依赖耶为种子的前七杂染世间。

五　大乘甚深缘起

（一）二种缘起

如是缘起，于大乘中极细甚深。又若略说有二缘起：一者，分别自性缘起[1]，二者，分别爱非爱缘起[2]。此中依止阿赖耶识诸法生起，是名分别自性缘起，以能分别种种自性为缘性故。复有十二支缘起[3]，是名分别爱非爱缘起，以于善趣恶趣能分别爱非爱种种自体为缘性故。

于阿赖耶识中，若愚第一缘起，或有分别自性为因[4]，或有分别宿作为因[5]，或有分别自在变化为因[6]，或有分别实我为因[7]，或有分别无因无缘[8]。若愚第二缘起，复有分别我为作者[9]，我为受者[10]。譬如众多生盲士夫，未曾见象，复有以象说而示之。彼诸生盲，有触象鼻，有触其牙，有触其耳，有触其足，有触其尾，有触脊梁。诸有问言："象为何相？"或有说言象如犁柄，或说如杵，或说如箕，或说如臼，或说如帚，或有说言

---

① 〔印〕世亲造、（唐）玄奘译《摄大乘论释》卷2：CBETA，T31，no. 1597，p. 328，c7-8。

象如石山。若不解了此二缘起，无明生盲[11]亦复如是，或有计执自性为因，或有计执宿作为因，或有计执自在为因，或有计执实我为因，或有计执无因无缘；或有计执我为作者，我为受者。阿赖耶识自性，因性，及果性等，如所不了象之自性。

又若略说，阿赖耶识用异熟识，一切种子为其自性，能摄三界一切自体，一切趣等。

【释义】

大乘甚深缘起，略说有两种。一者，分别自性缘起，谓依赖耶有诸法生起，赖耶能分别诸法种种自性为缘性故。二者，分别爱非爱缘起，谓十二缘起，于善、恶趣能分别爱、非爱自体为缘性故。

阿赖耶识教中，如果不明第一分别自性缘起，会有分别自性为因、分别宿作为因、分别自在变化为因、分别实我为因、分别无因无缘的过失。如果不明第二分别爱非爱缘起，会有分别我为作者，我为受者。如生盲摸象，众说纷纭，不明真象。不明两种缘起，无明生盲亦复如是，计自性为因等，不明赖耶自性、因性、果性。

诸法熏习赖耶成种被赖耶摄藏，为果性。无始诸法（因）熏习赖耶，使赖耶（果）相续而生。从因果异熟称之为异熟识。异熟识为赖耶果性，一切种子识为赖耶因性，这因果的统一性就是赖耶自性。现熏种第一缘起，种生现第二缘起，赖耶依此两种缘起摄三界一切自体一切趣等。

【注释】

[1] **分别自性缘起**：自性，指诸法各自的属性，而非实在本体。分别自性缘起即赖耶缘起，阿赖耶识能分别诸法种子自性不混乱，依此为缘性缘起诸法。

[2] **分别爱非爱缘起**：十二缘起（业感缘起），依所造善恶业能缘起善恶趣爱非爱果报体（自体）。

[3] **十二缘起**：梵文 Dvādaśāiga Pratityasamutpāda，又名十二有支，是说明有情生死流转的过程。十二因缘是：无明（贪嗔痴等烦恼为生死的根本）、行（造作诸业）、识（业识投胎）、名色（但有胎形六根未具）、六入（胎儿长成眼等六根的人形）、触（出胎与外境接触）、受（与外境接触生起苦乐的感受）、爱（对境生爱欲）、取（追求造作）、有（成业因能招感未来果报）、生（再受未来五蕴身）、老死（未来之身又渐老而死）。以上十二支，包括三世起惑、造

业、受生等一切因果，周而复始，至于无穷。

[4] **分别自性为因**：数论派认为事物不变的自性是其生起的原因，不变的本体是宇宙万有生起的因。

[5] **分别宿作为因**：宿命论者认为过去所作的宿业决定着现在的遭遇，现在的思想以及行为等与现在的果报无有关系。

[6] **分别自在变化为因**：婆罗门教认为大自在天是万有变现的根源。

[7] **分别实我为因**：吠昙多派认为自己生命体有一个真实的自我，这个我为一切果报展现的因。

[8] **分别无因无缘**：无因论认为世界万有本来如此，无有什么因缘。

[9] **我为作者**：胜论外道为代表，持有实在的作者。

[10] **我为受者**：数论外道为代表，持有实在的受者。

[11] **无明生盲**：未证真义智，未破我法二执的无明众生。

（二）种子

此中五颂：

"外内不明了，于二唯世俗。胜义诸种子，当知有六种。

刹那灭俱有，恒随转应知。决定待众缘，唯能引自果。

坚无记可熏，与能熏相应。所熏非异此，是为熏习相。

六识无相应，三差别相违。二念不俱有，类例余成失。

此外内种子，能生引应知。枯丧由能引，任运后灭故。"

【释义】

种子分外种植物世俗种子，及内种赖耶胜义种子，两种种子的伦理属性即为无记性故不明了。作为赖耶胜义种子具有六义，分别如下：

1. 刹那灭：刹那生灭变化，能生性的种子必须是无常性。

2. 果俱有：种生现，现熏种，因果同时俱有。

3. 恒随转：种子恒随赖耶而转。

4. 性决定：种子善恶性决定果的善恶性。

5. 待众缘：种子生现行需待众缘合和。

6. 引自果：种子唯能引生自类法，如色法种子引生色法，心法种子引生心法。

赖耶受杂染诸法熏习成种子，作为所熏法须具四义，乃成熏习相：

1. 坚：有相对的稳定性。

2. 无记：非善非恶。

3. 可熏：可以受熏，需生灭变异有为法。

4. 与能熏相应：与能熏俱生俱灭。

六识不能作为所熏法受熏，有三方面原因。

三差别相违，前六识所依六根、所缘六尘、缘境各自作意，三者皆差别相违，不具坚性。

二念不俱有，小乘譬喻论师认为六识前后念可以互熏，六识前后念有前后，非同时俱生俱灭，故互熏不应理。

类例余成失，小乘譬喻论师认为同类法可熏，六识前后念是同类法故可熏。同类受熏理不成，如眼等五根都是净色根，不能互熏故。

内外种子皆具有能生因与能引因，能生因谓种子能生诸法的力量，能引因谓种子能引诸法存在的力量。如植物死后，因种子能引的力量需经过一段时间枯坏。

为显内种非如外种，复说二颂：

"外或无熏习，非内种应知。闻等熏习无，果生非道理。

作不作失得，过故成相违。外种内为缘，由依彼熏习。"

【释义】

外种非由熏习生，不同于内种必由熏习所生。内种必由熏习生的理由有二：一、无闻思修等熏习，得闻思修果（菩提果）不应道理；二、如内种非熏习生，成作失，不作得的过失。

外种以依彼熏习所成内名言种子为因缘，假名为种子。

(三) 四缘料简

复次，其余转识普于一切自体诸趣，应知说名能受用者，如《中边分别论》中说伽他曰：

"一则名缘识，第二名受者。此中能受用，分别推心法。"

【释义】

依《中边分别论》识分两类：一、赖耶为缘识（识蕴），一切种子为诸法因缘，分别自性缘起一切自体及诸趣故。二、前七转识为受用识，普于一切自体及诸趣，受用缘起苦乐果报故。包含三种心法：1. 能受用，即受蕴，能受用苦乐果报；2. 能分别，即想蕴，能思维分别苦乐果报，安立名言；3. 推心法，即行蕴（思心所），能推动我们的心，发动种种活动。

　　如是二识更互为缘，如《阿毗达磨大乘经》中说伽他曰：
　　"诸法于识藏，识于法亦尔。更互为果性，亦常为因性。"

【释义】

引《阿毗达磨大乘经》明缘识（赖耶）与受用识（七转识）互为因缘[①]：

1. 转识以赖耶为种子，赖耶是转识现行所依。赖耶执受五色根，前五识现行由所依；赖耶执受末那，第六识现行由所依。

2. 转识长养赖耶种子，作为赖耶相续而生的原因。转识现行熏习赖耶长养赖耶种子，因摄藏种子的缘故建立赖耶。

　　若于第一缘起中，如是二识互为因缘，于第二缘起中复是何缘？是增上缘。如是六识几缘所生？增上，所缘，等无间缘。如是三种缘起：谓穷生死，爱非爱趣，及能受用[1]；具有四缘[2]。

【释义】

于第一分别自性缘起中，赖耶与转识互为因缘。第二爱非爱缘起中，二识互为增上缘，转识是赖耶缘起诸法的增上缘，赖耶为转识活动的增上缘。六识

---

① 弥勒菩萨说、（唐）玄奘译《瑜伽师地论》卷51："云何建立互为缘性转相？谓阿赖耶识与诸转识作二缘性：一、为彼种子故；二、为彼所依故。为种子者，谓所有善不善无记转识转时，一切皆用阿赖耶识为种子故。为所依者，谓由阿赖耶识执受色根，五种识身依之而转，非无执受。又由有阿赖耶识故得有末那，由此末那为依止故意识得转。譬如依止眼等五根五识身转非无五根，意识亦尔非无意根。复次诸转识与阿赖耶识作二缘性：一、于现法中能长养彼种子故；二、于后法中为彼得生摄殖彼种子故。于现法中长养彼种子者，谓依止阿赖耶识善不善无记转识转时，如是如是于一依止同生同灭，熏习阿赖耶识。由此因缘后后转识善不善无记性转，更增长转更炽盛转更明了而转。于后法中为彼得生摄殖彼种子者，谓彼熏习种类，能引摄当来异熟无记。阿赖耶识如是为彼种子故，为彼所依故，长养种子故，摄殖种子故，应知建立阿赖耶识与诸转识互为缘性转相。"（CBETA, T30, no.1579, p.580, b9-13）

三缘生：以六根为增上缘；六尘为所缘缘；六识为次第缘。①

由三种缘起，具足四缘：一、穷生死——分别自性缘起——因缘；二、爱非爱趣——爱非爱缘起——增上缘；三、能受用——受用缘起——所缘缘、次第缘。

【注释】

[1] **能受用**：前七转识普于一切自体及诸趣，受用缘起苦乐果报故。

[2] **四缘**：缘是指一切物事之间生起一种互相交涉的关系，这种关系共有四种，叫作"四缘"。

一是因缘，因缘的因是指主要的原因，缘指次要的助缘，例如草木，种子即其因，水土日光等资养即其缘。

二是所缘缘，所缘是境，能缘是心，心心所法，杖境方生，即见相二分，俱起而为缘。

三是等无间缘，凡是心王所有缘虑的东西，都是刹那相续，念念生灭，前念和后念是平等的，也是没有间断地前后相引的，故等无间缘乃是现行引现行。

四是增上缘，即这一法的生起，是由另一法帮助的缘，才能令其加增向上。

六　理论上成立赖耶

（一）　总说

如是已安立阿赖耶识异门及相，复云何知如是异门及如是相，决定唯在阿赖耶识非于转识？由若远离如是安立阿赖耶识，杂染清净皆不得成：谓烦恼杂染[1]，若业杂染[2]，若生杂染[3] 皆不成故；世间清净[4]，出世清净[5] 亦不成故。

【释义】

以上安立如是阿赖耶识及相状，如何决定唯是赖耶非转识？假如非阿赖耶识，则杂染生死流转、清净涅槃还灭都不能成立。所谓烦恼杂染、业杂染、生杂染皆不成；世间清净、出世清净亦不成。

---

① 前已说转识与赖耶互为因缘，故此中略去不说因缘，实六识亦有其种子为因缘。

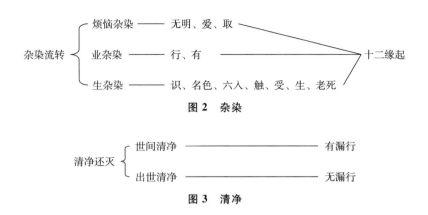

图 2　杂染

清净还灭 ⎰ 世间清净 ——————————— 有漏行
　　　　 ⎱ 出世清净 ——————————— 无漏行

图 3　清净

【注释】

　　[1] **烦恼杂染**：指贪、瞋、痴、慢、疑、恶见，这六种根本烦恼，及依此六根本烦恼而起的大中小随烦恼。就烦恼本身就是杂染，因此称为烦恼杂染的。

　　[2] **业杂染**：业指三界中的福业、非福业（罪业）、不动业，因业是造就众生轮回三界的原因，所以亦称为杂染。

　　[3] **生杂染**：生指三界轮回的爱非爱的果报，此果报体由染污因所招感故，名为杂染。

　　[4] **世间清净**：以世间的有漏修行方法，暂时伏除现行的粗烦恼。就暂伏粗烦恼不断根本随眠烦恼故，得名世间清净。

　　[5] **出世清净**：以无漏的戒定慧，六波罗蜜等圣道修行，发出离心、无上菩提心，持空性见，修苦、空、无常、无我观，断除随眠烦恼，获得究竟解脱，谓之出世清净。

（二）烦恼非赖耶不成

　　云何烦恼[1] 杂染不成？以诸烦恼及随烦恼熏习所作彼种子体，于六识身不应理故。所以者何？若立眼识贪等烦恼及随烦恼俱生俱灭，此由彼熏成种非余：即此眼识若已谢灭，余识所间，如是熏习，熏习所依皆不可得，从此先灭余识所间，现无有体眼识与彼贪等俱生，不应道理，以彼过去现无体故。如从过去现无体业，异熟果生，不应道理。又此眼识贪等俱生所有熏习亦不成就：然此熏习不住贪中，由彼贪欲是能依故，不坚住故。亦不得住所余识中，以彼诸识所依别故，又无决定俱生灭故。亦复不得住自体中，由彼自体决定无有俱生灭故。是故眼识贪等烦恼及随烦恼之所熏习，不应道理；又复此识非识所熏。如说眼识，所余转识亦复如是，如应当知。

【释义】

首先，离赖耶烦恼杂染不能成立。转识不能受熏摄持种子，烦恼熏习所成种子于六识身摄持不合熏习之理。

举眼识为例。

1. 分析眼识持种不成

（1）假设

设"眼识与贪等烦恼俱生俱灭熏习成种"

此设不成。

（2）分析

"眼见物起贪心"的流程如图 4 所示：

图 4　眼见物起贪心

如图 4 所示，可见与眼识无法与贪等俱生俱灭，贪等起时眼识已灭，已被意识所间隔。

（3）结论

如是熏习、熏习所依皆不可得，眼识无法受熏持种。

（4）举喻

如"过去现无体业异熟果生不应理"。

过去已经成熟果报，而现在已经无体的业，现在成熟果报不符合因果的法则。

2. 分析受熏不成

（1）住贪等烦恼不成

熏习住贪等烦恼中亦不成，被贪等烦恼是能依故，不坚住故，不能成为受熏法。烦恼是依止心王之心所法，心王为其所依，烦恼为能依，能依故不自在。烦恼不自在故，不能一类相续，无有坚住性。

（2）住余识（除赖耶外余识）不成

余识不决定俱生俱灭故。

（3）住自体不成

现在眼识与过去眼识决定不俱生俱灭故。

3. 总结：是故眼识贪等烦恼及随烦恼之所熏习不应道理。如说眼识，所余转识亦复如是，如应当知。

【注释】

[1] 烦恼："烦恼"是扰乱身心，使身心不安的一切心理，不安是烦恼的相状。"根本烦恼"是诸烦恼的体，为贪、瞋、痴、慢、疑、恶见六种，是生起一切烦恼的根本。"随烦恼"是随根本烦恼而起的烦恼，为根本烦恼的等流性，遇不同境界有不同反应的分位差别。分为小随烦恼：忿、恨、覆、恼、嫉、悭、诳、谄、害、骄等十种；此十种烦恼各别而起，故称小随烦恼。中随烦恼：无惭、无愧；此二种烦恼遍于一切之不善心，称为中随烦恼。大随烦恼：掉举、昏沉、不信、懈怠、放逸、失念、散乱、不正知等八种；此八种烦恼遍于一切染污心，而辗转与小、中随烦恼俱生，故称大随烦恼。

复次，从无想等上诸地没来生此间，尔时烦恼及随烦恼所染初识，此识生时应无种子，由所依止及彼熏习并已过去，现无体故。

【释义】

其次，无想天及以上等诸地退后，来生欲界应无烦恼杂染。烦恼杂染所依止及彼熏习已过去，现无体故。

无想天众生灭第六意识心心所，断伏欲界粗烦恼，生无想天感受果报。此界众生于无想天寿尽，第六意识心、心所复起还堕欲界，结生相续时初一念识起爱染而投胎。如无赖耶摄藏爱染等烦恼种子，无想天众生寿尽结生相续初一念，因无杂染种子而烦恼杂染不能现行，无想天后退亦不成立。

复次，对治烦恼识[1] 若已生，一切世间余识已灭，尔时若离阿赖耶识，所余烦恼及随烦恼种子在此对治识中，不应道理。此对治识自性解脱故，与余烦恼及随烦恼不俱生灭故。复于后时世间识生，尔时若离阿赖耶识，彼诸熏习及所依止久已过去，现无体故，应无种子而更得生。是故若离阿赖耶识，烦恼杂染皆不得成。

【释义】

复次，净识不能持染种。对治识自性解脱故，与烦恼不能俱生灭。

对治识过后，世间识生起时。如果离赖耶摄藏杂染种子，则无世间识生起。

因对治识无漏境界已过去，无漏境界染种熏习不成，又无漏境界已过现无体故。

综上所述：首先，转识不能受熏；其次，无想等退后无烦恼；最后，净识不持染种，可知离赖耶烦恼杂染不得成。

【注释】

[1] **对治烦恼识**：对治烦恼后生起的识，即修学禅定与止观相应的时候，此时的心识一念清净无漏的智能现起，叫"对治识生"；因为这一念清净识能够对治我见烦恼，降伏分别我执，所以叫作"对治识生"。

（三）业杂染非赖耶不成

云何为业杂染不成？行为缘识不相应故。此若无者，取为缘有亦不相应。

【释义】

云何业杂染离赖耶不成？

就十二缘起来分析①：

行为缘识不相应。在十二缘起中，行是过去业种，经赖耶摄持，才可能缘起为现在识（业识）。

取为缘有不相应。在十二缘起中，取是现在业，熏习赖耶，才可能缘起为未来有（业种）。

综上所述：离赖耶，于十二缘起中，行为缘识，取为缘有，因果不相应，可知业杂染离赖耶不成。

（四）生杂染非赖耶不成

云何为生杂染不成？结相续时不相应故。若有于此非等引地[1] 没已生时，依中有位[2] 意起染污意识结生相续，此染污意识于中有中灭，于母胎中识羯罗蓝[3] 更相和合。若即意识与彼和合，既和合已依止此识于母胎中有意识转。若尔，即应有二意识于母胎中同时而转。又即与彼和合之识是意识性，不应道理，依染污故，时无断故，意识所缘不可得故。设和合识

---

① 就十二缘起分析：十二缘起，即爱非爱缘起。主要描述有情众生在业的推动下，于三世中轮回的因缘。其中业因是展开有情生死流转的关键，故十二缘起又称为业感缘起。因此，论主用十二缘起来讨论业杂染的问题。

即是意识，为此和合意识即是一切种子识？为依止此识所生余意识是一切
种子识？若此和合识是一切种子识，即是阿赖耶识，汝以异名立为意识。
若能依止识是一切种子识，是则所依因识非一切种子识，能依果识是一切
种子识，不应道理。是故成就此和合识非是意识，但是异熟识，是一切种
子识。

【释义】

关于生杂染离赖耶不成，论主就有情众生的一期生命来分析，以一期生命
的生位和死位来论证赖耶。生位，谓有情一期生命体初开始结生相续到死之前
的存在。死位，谓有情一期生命死亡阶段。

约众生生死轮回的生位论辩：

首先，结生相续离赖耶不成。结生相续，是指生命前后相续的整个过程。
唯识学认为生命不只是生与死的一期生死，无始时来生命如同河流一样绵延地
流淌着，其没有一个最初的源头，是无尽的轮回直至生死彻底地解脱。故而我
们在这一期生命的种种，它将一定影响或推动着我们下一期生命的展现。"结"
这里有结合的意思，结生就是受染污意熏习的阿赖耶识投入母胎，和受精卵结
合而成为生命的开始。相续是指前一次生命因投入母胎而结束，同时也续起下
一次生命的开始。

前一期生命的中有身（中阴身）在投生因缘成熟时，中有身意识起分别熏
习赖耶投入母胎。阿赖耶识持受受精卵并且与之结合而成和合识（名色结合
体），成为新生命的开始。如图5所示。

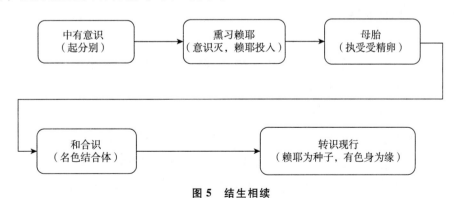

图 5　结生相续

声闻乘学者不认同阿赖耶识，认为投入母胎的是意识。论主假设"若即意
识与彼和合"，那么会有以下几方面过失。

第一，于和合识有二意识转。

投入一意识，以和合识为所依起一意识，如是成二意识转。一生命体中有二意识转不合道理。

第二，和合识为意识性不应道理。

和合识的性质为染污性的，一类相续的，闷绝的；而意识性质为善恶无记性的，有间隔的，所缘明了的。可见和合识和意识存在明显差别，不可能为意识。

第三，因果倒置不应道理。

如投入识是意识，那么投入的意识是一切种子识，还是依和合识而起的意识为一切种子识？

如果投入意识是一切种子识，那么这个意识就是阿赖耶识，无须异门别立意识名。

如果依和合识所起意识为一切种子识，那么因果倒置不应道理。意识依和合识而起，和合识为所依，是因识；意识为能依，是果识，此果识为展现诸法的一切种子识，则成为由果生因，因果倒置不应道理。

综上所述：可知与受精卵和合的是阿赖耶识非意识，结生相续非赖耶不成。

【注释】

［1］**非等引地**："等引"梵语为 Samāhita（三摩呬多），是色无界色界的定名，通于有心无心。"等"就是平等，即离开昏沉、掉举，心不散乱，明静而住的定心；由这个定心引生如是境界，所以叫作等引。等引地就是由禅定而引生的境界，指色界无色界上二界。非等引地就是指欲界的散心引生的境界。这里说的非等引地指欲界。

［2］**中有位**：有情众生生死轮回，生命前后相续的四个阶段称为四有。

第一，本有，就是我们这个生命体存在的这个时候，这个生命体从生开始到死结束，中间的存在叫本有。

第二，死有，就是这个生命体最后死亡的刹那，叫死有。

第三，中有，就是死有以后，到下一次生命的开始，叫中有。

第四，生有，就是下一个生命初开始的一刹那叫生有。

［3］**羯罗蓝**：指父母之两精初和合凝结者。又作迦罗逻、羯刺蓝。为胚胎之义。意译作凝滑、和合、杂秽、胞胎。为胎内五位之一，即托胎以后初七日间之状态。《一切经音义》卷四十七："羯逻蓝，梵语，旧言歌逻逻，此云凝滑。父母不净和合，如蜜和酪，泯然成一；于受生七日中，凝滑如酪上凝膏，渐结

有肥滑也。"①

　　复次，结生相续已，若离异熟识，执受色根亦不可得。其余诸识各别依故，不坚住故，是诸色根不应离识。

【释义】

　　其次，持受色根非赖耶不成。除赖耶外，余诸识各自所依，不坚住故。

　　余识中，眼等前五识各有眼等五根所依。前五识不能互依，如眼识依眼根能见不能听，耳识依耳根能听不能见。前五识，生灭有间隔。可见，前五识不坚住，不能持受色根，持受色根非赖耶不能成立。如植物人五识不起，色根乃存在。

　　余识中，第六意识有间断，不坚住故。如深睡时，或闷绝时，会进入无意识状态。

　　余识中，第七识乃意根，恒与烦恼相应，持受赖耶为我，不持受色根。

　　综上所述：结生相续后诸色根一类相续，需有识持受，离赖耶余诸识持受不成立。

　　若离异熟识，识与名色更互相依，譬如芦束相依而转，此亦不成。

【释义】

　　复次，离赖耶，识与名色互为缘不成。阿赖耶识投入与受精卵结合成名色（和合识），阿赖耶识是名色的因；反之名色是阿赖耶识在新生命中相续的所依，两者互为缘；故佛陀在十二圣教中言"识缘名色"。如不承认阿赖耶识投入则"识缘名色"圣教不能成立。

　　若离异熟识，已生有情，识食[1] 不成。何以故？以六识中随取一识，于三界中已生有情能作食事不可得故。

【释义】

　　复次，离赖耶，有情识食不成。六识中随取一识，于三界中已生有情作食事不可得。

---

　　① （唐）慧琳撰《一切经音义》卷 47，CBETA, T54, no. 2128, p. 622, a3-4。

有情生命生存空间为三界九地（见表3），诸识身于九地中活动范围分别为：鼻识、舌识只限于第一地，第二地上禅悦为食，此二识失缘。身识、眼识、耳识只限于第一、第二地，第三地上入禅定生起极喜悦的境界，五识不活动。意识虽遍于九地，但于无想天不起，入无想定故。唯阿赖耶识遍于三界九地，如离赖耶有情识食不成。

表 3　三界九地

三界九地	欲界	五趣杂居地
	色界	初禅　离生喜乐地
		二禅　空生喜乐地
		三禅　离喜妙乐地
		四禅　舍念清净地
	无色界	空无边处地
		识无边处地
		无所有处地
		非想非非想处地

【注释】

[1] **食**：指滋养身体，维持生命的东西，包括物质食粮和精神食粮，佛法归纳为四食。

四食：一为段食，就是我们为了滋养色身分段而食的食品，段是指我们的饮食方式。二为触食，就是精神感触外在境界的感受，也就是精神上的滋养。如尊重、安慰、理解、呵护，沟通等。三为思食，就是意志，生存的意志。四为识食，就是阿赖耶识，就是执受色身，引生生命的力量。

此中，第一为物质食粮，第二、第三为精神食粮，第四为生命根本。

若从此没，于等引地[1] 正受生时，由非等引染污意识结生相续，此非等引染污之心，彼地所摄，离异熟识，余种子体定不可得。

【释义】

复次，离赖耶等引地结生新种不成。等引地结生相续，由非等引地染污意为增上，引生赖耶定心种子其现行，入上二界定。等引地结生相续时与之关系的"心"：一为非等引地染污意（此为对等引地定境爱执的心）；二为摄藏等引地定心种子的赖耶。

离赖耶余心摄藏等引地定心种子不成:(1)非等引地染污意非等引地所摄,无法摄藏等引地定心种子;(2)上二界定不能摄藏种子,此中定已是定种子现起的果,不能作为因种子的所依体;(3)非等引地最后一念心,随禅定生起在非等引地没,有间隔故不能摄藏种子。

【注释】

[1] **等引地**:"等引"梵语为 Samāhita 三摩呬多,是色无色界的定名,通于有心无心。"等"就是平等,即离开昏沉、掉举,心不散乱,明静而住的定心;由这个定心引生如是境界,所以叫作等引。等引地就是由禅定而引生的境界,指色界无色界上二界。

　　复次,生无色界,若离一切种子异熟识,染污善心应无种子,染污善心应无依持。

　　又即于彼若出世心正现在前,余世间心皆灭尽故,尔时便应灭离彼趣。若生非想非非想处[1],无所有处出世间心现在前时,即应二趣悉皆灭离。此出世识不以非想非非想处为所依趣,亦不应以无所有处为所依趣,亦非涅槃为所依趣。

【释义】

复次,离赖耶无色界染善心种不成。无色界染善心者,谓对无色界定爱执之心。离赖耶无色界染善心种无识摄持故不能成立:(1)此染污善心是对定的爱执心,为散心位所摄故,定心不能作为散心种子的所依。(2)入无色界前五识不起,不能作为染污善心种子所依。(3)第六识有间断故不能作为染污善心种子所依。

复次,离赖耶出世心异熟不成。无色界出世心现前指成就灭尽定,其证得途径为先依次证得无色界四空定,分别为空无边处定、识无边处定、无所有处定、非想非非想处定。再从非想非非想处定出,入无所有处定,思维无所有相,观能、所缘皆无所得,灭世间心出世心现前证灭尽定。证灭尽定虽灭世间心,还有有漏余异熟,此异熟由赖耶持受。

如离赖耶,出世心现前时灭尽定异熟无依持:(1)出世心现前应脱离与世间心相应的有漏诸趣。(2)从非想非非想处天出到无所有处天时出世心现前,应离此二趣异熟。从非想非非想处出，此趣灭离。无所有处出世心现前，无有赖耶依持果报故，此趣亦应灭离。（3）从非想非非想处天出到无所有处天时出世心现前，此时所起出世识应非非想非非想处、无所有处及涅槃所依。从非想非非想处出，此趣不能作为依趣。无所有处生出世心，此有漏趣不能作为无漏识依趣。此时出世心现前，证得有余依涅槃，还有有余依果报。此果报非断生死，泯灭能所的真如体所依持。

【注释】

[1] **非想非非想处：**谓成就四空定所生无色四天之一，无色四天分别为空无边处天、识无边处天、无所有处天、非想非非想处天。非想非非想处天，这是无色界天的最高的一层天，故又称有顶天。此天以其禅定来命名，此天禅定定力，至极静妙，已经没有粗想，故称为非想；但是还有细想，故称为非非想。此天禅定虽然很高深，但是没有明了性。所以在非想非非想处天时不能断烦恼的，所谓"无漏大王，不生边地"。这非想非非想是三界九地的边地，要断此地的烦恼必须回到无所有处天，无所有处天是无色界的第三天，思维无所有相，观能所缘皆无所得，因此名为无所有处天。

又将没时，造善造恶，或下或上所依渐冷，若不信有阿赖耶识，皆不得成。是故若离一切种子异熟识者，此生杂染亦不得成。

【释义】

约众生生死轮回的死位论辩：

死时因众生做善造恶的不同，出现从下而上或从上而下识离开身体渐冷的现象，如果离开赖耶不得成（寿暖识三互相依持）。①

由上生、死二位可知，离阿赖耶识，生杂染不得成。

（五）世间清净非赖耶不成

云何世间清净不成？谓未离欲缠贪未得色缠心者，即以欲缠善心为离

---

① （明）明昱：《成唯识论俗诠》卷3："死时冷触起事，有第八识方得成就。杂宝藏经颂云：顶圣眼生天，人心饿鬼腹，傍生膝盖离，地狱脚板出。此验六趣差别也。瑜伽及摄论中颂云：善业从下冷，恶业从上冷，二皆至于心，一处同时舍。此明善恶两途也。意谓第八不执受，冷触起。有暖相处，第八识在。" CBETA, X50, no. 820, p. 560, a1-6//Z 1：81, p. 53, b2-7//R81, p. 105, b2-7。

欲缠贪故勤修加行。此欲缠加行心[1]，与色缠心[2]不俱生灭故，非彼所熏，为彼种子不应道理。又色缠心过去多生余心间隔，不应为今定心种子，唯无有故。是故成就色缠定心一切种子异熟果识，展转传来为今因缘；加行善心为增上缘。如是一切离欲地中，如应当知。如是世间清净，若离一切种子异熟识，理不得成。

【释义】

世间清净，谓欲界众生为解脱欲界的爱执等烦恼，生起厌离欲界烦恼，欣求色界禅定的心，并以此心勤修加行。此所修加行虽为有漏，但亦是欲界烦恼对治法，就对治欲界烦恼说为清净法；另此出离心，只求出离欲界，并未出三界故为世间。

离赖耶世间清净不成，若无赖耶世间清净种子熏习不成：欲界勤修加行心与色界心，界别不同，非俱生俱灭，不能受熏成种子；欲界加行入定前所行为散心，色界心为定心，散心与定心，非俱生俱灭，不能受熏成种子。

若无赖耶世间清净种子无法摄持不失：过去色界定心已经过去，现在散心又现起。过去定心已有间隔，不能摄藏延续世间清净种子；过去定心所成种子已经现行，不能作为现在定心现行之种子。

是故成立阿赖耶识，色界色缠定心现行熏习赖耶成世间清净种子，辗转传来为今色界色缠定心因缘，欲界加行善心为增上缘，世间清净成立。

【注释】

[1] **欲缠加行心**：欲界欣求色界定心，而发起的色界定加行心。缠谓烦恼异名，此心受欲界粗相烦恼影响故为欲缠加行心。

[2] **色缠心**：色界禅定定心，色界定心虽然伏欲界粗相烦恼，但是未断对禅定爱执的色界细相烦恼。

（六）出世清净非赖耶不成

云何出世清净不成？谓世尊说依他言音及内各别如理作意，由此为因正见得生[1]。此他言音，如理作意，为熏耳识？为熏意识？为两俱熏？若于彼法如理思惟，尔时耳识且不得起；意识亦为种种散动余识所间。若与如理作意相应生时，此闻所熏意识与彼熏习久灭过去，定无有体，云何复为种子能生后时如理作意相应之心？又此如理作意相应是世间心，彼正见相应是出世心，曾未有时俱生俱灭，是故此心非彼所熏。既不被熏，为彼种子，不应道理。是故出世清净，若离一切种子异熟果识，亦不得成。此中闻熏习摄受彼种子不相应故。

【释义】

依闻思修入三摩地，依定启慧，解脱烦恼，出世清净成就。可见听闻正法，生起正见是出世清净成就的首要，故论主先明闻熏习非赖耶不成。以正闻熏习非赖耶不成，正闻熏习不成故，清净正见不成；清净正见不成故，出世清净不成；推而论之得出离赖耶出世清净不成。

首先，出世正见非赖耶不成。

引圣教"依他言音，如理作意，正见得生"，此"依他言音（耳识），如理作意（意识）"闻熏习，谓熏习耳识，熏习意识，还是两者俱熏？

耳识不能受熏，因听闻正法，如理思维时，耳识被意识所间，有间隔故。

意识不能受熏：首先，意识不作意时，被种种余识所间，有间隔故；其次，如理作意所熏种子于意识，余识所间时，种子无体；最后，如理作意相应为世间心，闻熏习所成正见相应为出世心，不能俱生俱灭。

两俱亦尔，耳识与意识时有余识所间，非俱生俱灭。

综上所述，可见耳识与意识不能受熏摄持闻熏习所成种子，余识亦尔。离赖耶前六识摄持彼闻熏习种子不应道理。离赖耶闻熏习不成，出世清净不成。

复次，云何一切种子异熟果识为杂染因，复为出世能对治彼净心种子？又出世心昔未曾习，故彼熏习决定应无，既无熏习从何种生？是故应答：从最清净法界等流[1]正闻熏习种子所生。

【释义】

其次，正闻熏习离赖耶不成。

出世清净种子由赖耶熏习所成，就此从清净种子所依和来历提出问题：（1）杂染赖耶，如何作为对治杂染的出世清净种子所依（染为净种难）？（2）世间众生未曾习出世心，彼出世熏习决定无有，清净种子从何而生（未习无种难）？

对于上面两个问题，论主先回应了清净种子从何而来的问题。是故应答：从最清净法界等流正闻熏习所生。

【注释】

[1] **法界等流**：说明了清净种子的由来。最清净法界，谓佛陀所证清净法身，是佛陀证正法。佛陀大悲应化利益众生，从最清净法界证正法等流教正法，众生听闻教正法，如理作意，正闻熏习，清净种子得生。

此闻熏习，为是阿赖耶识自性？为非阿赖耶识自性？若是阿赖耶识自性，云何是彼对治种子？若非阿赖耶识自性，此闻熏习种子所依云何可见？乃至证得诸佛菩提，此闻熏习随在一种所依转处[1]，寄在异熟识中，与彼和合俱转，犹如水乳[2]；然非阿赖耶识，是彼对治种子性故。

此中依下品熏习成中品熏习，依中品熏习成上品熏习[3]，依闻思修多分修作得相应故。

【释义】

正闻熏习离赖耶不成，那么正闻熏习为赖耶自性，还是非赖耶自性？如果以赖耶为自性，那么正闻熏习所成种子如何能成为杂染赖耶的对治种子？如果非赖耶为自性，那正闻熏习以何为所依？

论主回应道："寄在异熟识中，与彼和合俱转，犹如水乳；然非阿赖耶识，是彼对治种子性故。"

此中正闻熏习修学次第，谓依下品熏习成就中品熏习，依中品熏习成就上品熏习，依闻思修多分修习与般若相应。

【注释】

[1] **随在一种所依转处**：谓随一种相续所依转处，即随一有情生命相续而转。

[2] **犹如水乳**：水乳虽然交融，但是鹅口醋性，水乳相分。清净种子寄在赖耶，以赖耶为所依，然非赖耶自性，为彼对治种子。

《祖庭事苑》卷5："鹅王别乳。"《正法念经》云："譬如水乳同置一器，鹅王饮之，但余其乳汁，其水犹存。"《出曜经》云："昔有人多捕群鹤，孚乳滋长，展转相生，其数无限。养鹤之法，以水和乳，乃得饮之。鹤之常法，当饮之时，鼻孔出气，吹水两避，纯饮其乳。"又健陀罗白灯光王曰："我思世事，长项白鹤，以水和乳令饮，但饮其乳，唯有水存。"王曰："此事实否？"答言："王当日（日疑自）验。"王令鹤饮，果如所言，王曰："此有何缘？"答曰：

"鸟口性醋，若饮乳时，遂便成酪，致令水在。"①

[3] **下品熏习、中品熏习、上品熏习**：正闻熏习种子的品类，亦皆成就正闻熏习修习次第。

下品熏习——闻所成慧——文字般若

中品熏习——思所成慧——观照般若

上品熏习——修所成慧——实相般若

又此正闻熏习种子下中上品，应知亦是法身种子，与阿赖耶识相违，非阿赖耶识所摄，是出世间最净法界等流性故，虽是世间而是出世心种子性。又出世心虽未生时，已能对治诸烦恼缠，已能对治诸险恶趣，已作一切所有恶业朽坏对治，又能随顺逢事一切诸佛菩萨。虽是世间，应知初修业菩萨所得亦法身摄。声闻独觉所得，唯解脱身摄。

又此熏习非阿赖耶识，是法身解脱身摄。如如熏习，下中上品次第渐增，如是如是异熟果识次第渐减，即转所依[1]。既一切种所依转已，即异熟果识及一切种子无种子而转，一切种永断。

【释义】

正闻熏习种子，转向涅槃故，为法身所摄种子。与转向生死的阿赖耶识杂染种子相违，非阿赖耶识所摄。正闻熏习种子是出世间最清净法界等流故，虽寄在赖耶是世间性而实是出世心种子性。

正闻熏习种子，于出世心未生凡夫位的作用。

第一，已能对治诸烦恼缠——对治烦恼杂染，正闻熏习能断增上贪等烦恼现起转因；

第二，已能对治诸险恶趣——对治生杂染，正闻熏习能断烦恼缠，即能对治诸险恶趣；

第三，已作一切所有恶业朽坏对治——对治业杂染，正闻熏习能远离恶业故，可以作为后受恶业果报朽坏因；

第四，又能随顺逢事一切诸佛菩萨——世出世间清净成就，正闻熏习能随顺逢事诸佛菩萨等善知识故，发善根成就世出世间清净。

---

① （北宋）睦庵编《祖庭事苑》卷5，CBETA，X64，no.1261，p.383，a10-18 // Z 2：18，p.70，d1-9// R113，p.140，b1-9。

应知初修菩萨所得正闻熏习种子，虽是世间，而为法身成就因，故为法身所摄。声闻独觉所得正闻熏习种子，为解脱因，故唯是解脱身摄。

法身、解脱身所摄清净种子，依如是闻思修，下中上品渐次增胜。杂染阿赖耶识种子，如是渐次减损。如此，即转杂染所依。转杂染所依已，阿赖耶识无杂染种子转故，杂染种子永断。

【注释】

[1] **转依：**是"转其所依"的意思。转，为转舍、转得之义；依，指使染净迷悟等诸法得以成立之所依。转依，即转舍劣法之所依，而证得胜净法之所依。如唯识宗所说，由修圣道，断灭烦恼障、所知障，而证得涅槃、菩提之果，此二果即称为二转依果，或二转依妙果，此乃修习之最殊胜境界。又上述中，所断除之烦恼、所知二障，即所转舍之法；所证得之涅槃、菩提二果，即所转得之法。

复次，云何犹如水乳？非阿赖耶识与阿赖耶识同处俱转，而阿赖耶识一切种尽，非阿赖耶识一切种增？譬如于水鹅所饮乳。又如世间得离欲时，非等引地熏习渐减，其等引地熏习渐增而得转依。

【释义】

非阿赖耶识清净种子与阿赖耶识同处俱转，如同水乳交融。而阿赖耶识杂染种子减损时，非阿赖耶识清净种子增胜，如水鹅饮乳。水鹅口中有醋酸，可以使水跟乳分离。清净种子和杂染赖耶虽然同处俱转，然杂染性和清净性不会混合。

又如世间清净成就时，非等引地欲界散乱熏习渐转时，其相应等引地禅定熏习渐增而获得转依。

又入灭定识不离身，圣所说故。此中异熟识应成不离身，非为治此灭定生故。

又非出定此识复生，由异熟识既间断已，离结相续无重生故。

【释义】

复次，灭尽定非赖耶不成。灭尽定识不离身，此识应为异熟赖耶，而非对治赖耶定得生。即灭尽定灭去前七转识活动，但是不妨碍第八识的存在，识不离身指第八识不离身。声闻乘学者认为，灭尽定还有微细意识，不离身之识应为微细意识。论主进行以下反驳。

1. 破有部

有部认为，"入灭尽定识不离身"是指出定后识复生。入定识不活动，并不等于识不存在，出定后识会复生。

入灭尽定前七识不起活动，需要赖耶持受定中身，故"不离身识"应为赖耶。如果"不离身识"是出定复生，那么就会有过失。首先，定中识与出定识有间隔，非一类相续。定中识不起作用，即离开定中身，则定中身无所持受即为死尸。其次，出定识复生，是出定身上识复起作用，则是出定后再一次结生相续，此出定身非定中身。故"识不离身"指第八识，于定中持受色身。

> 又若有执以意识故灭定有心，此心不成：定不应成故，所缘行相不可得故，应有善根相应过故，不善无记不应理故，应有想受现行过故，触可得故，于三摩地有功能故，应有唯灭想过失故，应有其思信等善根现行过故，拔彼能依令离所依不应理故，有譬喻故，如非遍行此不有故。
>
> 又此定中由意识故执有心者，此心是善不善无记皆不得成，故不应理。

2. 破经部譬喻师

经部譬喻师认为灭尽定还有细意识，即"不离身识"是第六识。

"不离身识"如是微细意识，灭尽定则不应成。灭尽定又称无心定，有微细第六意识，就有心、心所活动，不成无心定。如果把"无心"理解成"无前五识"，则一切定皆为无心定。

如果"不离身识"是微细意识，那么意识所缘行相不可得，与现实相违。所缘行相是指识在所缘境上活动的相貌，也就是识缘境时所起的分别所缘境的状态。有微细第六意识必有其所缘行相可得，即一定有种种分别。灭尽定灭去心心所，不存在分别故，微细第六意识所缘行相不可得。

如果"不离身识"是微细意识，那么灭尽定应有心所相应过及与不善、无记相应。灭尽定谓圣者所入之定，其性质应为无漏善。如果有微细第六意识，那与灭尽定相应的应是信、精进等善根心所，则就犯灭尽定有心所的过失；又此善心所为散心，则与定相违；如有微细意识则有不善、无记法与灭尽定相应不应理，灭尽定无漏善故。

如果"不离身识"是微细意识，则灭尽定应有想受现行过故，触可得故。有微细第六意识则有心所相应，有心所相应定与想、受等五遍行心所相应，就有触可得；触产生于根境识三和合，有触可得，可说明有前六识活动，定中前六识活动不应理。

如果"不离身识"是微细意识，于灭尽定有功能故，应有唯灭想过失故。在灭尽定中有触的功能，则必有苦乐之受，这样灭受想定就唯灭想而不灭受，与定名不符。

如果"不离身识"是微细意识，灭尽定应有其思，信等善根现行过失。灭尽定中有触可得，应有受想；有受想，应有思；触为受想思所依故。即有思，从灭尽定性质为善出发，应有善等心所现行，心所现行就不能称之为定。

前论主所举皆从心所出发，经部自救认为心和心所是可以分离的，入灭尽定的圣者只是厌离心所，对心并不厌离。入灭尽定是灭去心所而非第六微细心。论主反驳如此则就割裂能所，不应理。心、心所是能所的关系，心是心所的所依，心所是心的能依，二者不能割裂，存则俱存，灭则俱灭。如身行与出入息，语行与寻伺二不定心所，意行与受想心所。

经部再救如四禅以上定中身无出入息，灭尽定有微细第六意识心无心所成立。论主反驳，出入息非身存在的主要力量，四禅以上定中身有赖耶执受故存在。四禅以上定中身行为喻，说明灭尽定有微细意识不应理。

故而，灭尽定中有心，善、不善、无记皆不成。与善相应，灭尽定有心所，不应理；与恶相应，灭尽定为无漏善故，不应理；与无记相应，有无记行为造作故，不应理。（注：异熟无记对种子而言，意识无记对行为而言。）

3. 色心无间生种不成

若复有执色心无间生是诸法种子，此不得成，如前已说。又从无色、无想天没，灭定等出，不应道理。又阿罗汉后心[1]不成。唯可容有等无间缘。

【释义】

经部师有执色心无间生种。色心前后次第无间相生，前念色引生后念色种子，前念心引生后念心种子，色心无间等引自类种子。

论主反驳，此说不成。首先，色心前后二念不具有，无法熏习成种；其次，从无色界没，来生欲界，前无色界无色故后欲界色法不成；最后，色心无间相续，则成无穷过，阿罗汉后心不可得，不应证入无余依妙涅槃境界。故色心无间唯可成立等无间缘，不可引生自类种子成因缘。

【注释】

[1]　**阿罗汉后心**：阿罗汉将入无余涅槃前最后刹那心。

（七）　总结成立赖耶

如是若离一切种子异熟果识，杂染清净皆不得成，是故成就如前所说相阿赖耶识，决定是有。

【释义】

若离一切种子异熟，杂染清净皆不得成，是故成就如前所说相，阿赖耶识决定有。

（八）　附说转依非赖耶不成

此中三颂：

"菩萨于净心，远离于五识。无余心转依，云何汝当作？
若对治转依，非断故不成。果因无差别，于永断成过。
无种或无体，若许为转依。无彼二无故，转依不应理。"

【释义】

转依，在唯识学中，清净涅槃的证得，是通过转舍杂染所依阿赖耶识所获得。这转舍杂染所依，转得清净涅槃，就是转依。这里的"依"是指杂染法所依——阿赖耶识。

转依非赖耶不成：第一，菩萨于净心，无余识持种，无赖耶转依不成；第二，如无赖耶，对治道即为究竟道，则因果无差别，永断二障的佛果成为多余的过失；第三，如无赖耶，无杂染种，及杂染识体，无种无体，无须转依。

七　赖耶差别

（一）　三种差别

复次，此阿赖耶识差别云何？略说应知或三种，或四种。

此中三种者，谓三种熏习差别故：一、名言[1]熏习差别；二、我见熏习差别；三、有支[2]熏习差别。

【释义】

赖耶差别相，是站在种子作用的立场上来说，说赖耶差别相，其实就是种子作用的差别，也就是熏习的差别，并非一味相续的本识。

三种差别：一是名言熏习差别。由名言故内心起种种分别而熏习赖耶成千差万别的名言种子，成为千差万别诸法生起的亲因缘，谓名言熏习差别。二是我见熏习差别。第七识恒执第八识为我，因而一切皆从自我出发去思量一切事物，从而熏习赖耶成我见种子。我见种子起现行，对众生界作出自他的差别，建立起众生界各自独立的品性，谓我见熏习差别。三是有支熏习差别。善、恶、无记的行为熏习赖耶成业种，推动我们招感三有种种差别的果报，谓有支熏习差别。

【注释】

[1] 名言：名言即概念与言说的并称，为不实的虚妄法。《成唯识论》卷八将名言分为表义名言、显境名言两种：（1）表义名言，即指能诠义之音声，亦即指诠解诸法之名、句、文等，第六意识缘之，随其名言变似诸法，而熏成种子。这个表义名言，也就是说话，用种种的语言表达种种事情。（2）显境名言，即指能了境之心、心所法，亦即指前七识之见分等心，此等心之体虽非名言，然以其能显所了之境，故亦称为名言。也就是说，到我们听到他人说话，听到他人的名言，我们心里会做出种种分别。虽然只是心里做出的种种分别，不曾表达出来，称不上名言，但是因为能分别他人名言之境，被称为显境名言。

[2] 有支：有谓欲有、色有、无色有，即三界。支者因义，三有之因，善、恶、无记有漏业也。

（二）四种差别

四种者，一、引发差别；二、异熟差别；三、缘相差别；四、相貌差别。

此中引发差别者，谓新起熏习。此若无者，行为缘识，取为缘有，应不得成。

此中异熟差别者，谓行有为缘，于诸趣中异熟差别。此若无者，则无种子，后有诸法生应不成。

此中缘相差别者，谓即意中我执缘相。此若无者，染污意中我执所缘，应不得成。

此中相貌差别者：谓即此识有共相，有不共相，无受生种子相，有受生种子相等。

【释义】

四种差别：

一者，引发差别。引发种种果报的新起熏习，在十二缘起中为"取"的力量，亦即一种贪爱执着的行为，这种贪爱执着的行为，增强赖耶业种的力量，引发招感异熟果报。这种引发某一自体，到达一定程度的力量，就是赖耶的引发差别，就是新起熏习。取谓爱增长的过程，表现为欲取、见取、戒禁取、我语取等四种取。如果没有引发差别，则"行为缘识，取为缘有"的圣教就没有办法建立。

二者，异熟差别。招感种种异熟果报的自性差别异熟种子，此异熟差别是就种子生诸法的功能性差别而言（前引发差别就新熏种子的引发力量而言）。如无异熟差别，则"行有为缘"招感后有诸法的事实就不能成立。

三者，缘相差别。谓第七染污意缘赖耶执为我的相貌，为我执缘相，即我见熏习。如无缘相差别，在染污意中，我执所缘就不应成立。

四者，相貌差别。谓种子的不同相貌，即种种不同的种子。有共相种子、不共相种子、无受生种子、有受生种子等。

1. 共相不共相种子

共相者，谓器世间种子。不共相者，谓各别内处种子。共相即是无受生种子，不共相即是有受生种子。对治生时，唯不共相所对治灭。共相为他分别所持，但见清净，如瑜伽师于一物中种种胜解，种种所见皆得成立。

此中二颂：

"难断难遍知，应知名共结。瑜伽者心异，由外相大故。

净者虽不灭，而于中见净。又清净佛土，由佛见清净。"

复有别颂，对前所引种种胜解，种种所见皆得成立。

"诸瑜伽师于一物，种种胜解各不同。种种所见皆得成，故知所取唯有识。"

此若无者，诸器世间，有情世间生起差别，应不得成。

【释义】

共相谓器世间种子，有情众生共业。器世间为有情众生共业所感，不因觉受而生故，谓无受生种子。

不共相谓有情世间各别内处种子，有情众生别业所感各自眼、耳、鼻、舌、身、意内六处。各别内处有情世间，因有情觉受而生故，有受生种子。

对治道生起时，不共相种子随烦恼对治转舍，所得依报亦随心清净但见清净。共相种子由他有情分别心依持如故。共相不共相种子此若无者，则器世间有情世间差别不成。

2. 粗重相、轻安相

复有粗重相及轻安相：粗重相者，谓烦恼随烦恼种子。轻安相者，谓有漏善法种子。此若无者，所感异熟无所堪能，有所堪能所依差别，应不得成。

【释义】

粗重相谓烦恼随烦恼种子，轻安相谓有漏善法种子。二者差别在于修习善法的能力，粗重相不堪能善法，轻安相堪能善法。此若无者，则所有有情修习善法的能力无有差别。

3. 有受尽相、无受尽相

复有有受尽相无受尽相：有受尽相者，谓已成熟异熟果善不善种子。无受尽相者，谓名言熏习种子，无始时来种种戏论流转种子故。此若无者，已作已作善恶二业，与果受尽，应不得成。又新名言熏习生起，应不得成。

【释义】

有受尽与无受尽，就所受果报有尽无尽来分。有受尽相，所受果报尽，谓已经招感异熟果的善不善种子。无受尽相，无始以来直至解脱流转不尽的种子——内心分别的种种名言种子。此若无，有情异熟受尽不成，新名言熏习不成。

4. 譬喻相

　　复有譬喻相：谓此阿赖耶识，幻炎（焰）梦翳为譬喻故。此若无者，由不实遍计种子故，颠倒缘相应不得成。

【释义】

　　以"幻""炎（焰）""梦""翳"等为譬喻，说明赖耶的虚妄性。此若无，遍计所执、颠倒缘相不成。

5. 具足相、不具足相

　　复有具足相不具足相：谓诸具缚者，名具足相。世间离欲者，名损减相。有学声闻及诸菩萨，名一分永拔相。阿罗汉、独觉及诸如来，名烦恼障全永拔相，及烦恼所知障全永拔相，如其所应此若无者，如是次第杂染还灭应不得成。

【释义】

　　具足烦恼系缚谓具足相，赖耶没有获得转依前。不具足烦恼系缚谓不具足相，严格来说为证得圆成实相。分为三个层次：第一，世间离欲者为损减相；第二，有学声闻及诸菩萨为一分永拔相；第三，阿罗汉、独觉及诸如来烦恼障全永拔相及烦恼所知障全永拔相。此若无，次第杂染还灭不成，世间凡圣差别不成。

八　赖耶无覆无记性

　　何因缘故善不善法能感异熟，其异熟果无覆无记？由异熟果无覆无记，与善不善互不相违，善与不善互相违故。若异熟果善不善性，杂染还灭应不得成，是故异熟识唯无覆无记。

【释义】

　　赖耶无覆无记性，与善不善不相违，杂染还灭得成故。

📄 小结

本章内容分为教证赖耶和理证赖耶两节。教证赖耶主要引《阿毗达磨大乘经》及《解深密经》相关偈颂来解说所知依、阿赖耶识、阿陀那识等赖耶异名。又引"心意识三"圣教量明赖耶亦名"心",并对其中"意"分别以无间灭意和染污意来说明。运用不共无明、五同法、心意识之训释词、二定差别、无想天有染、我执恒行六个理由,论证第七染污意存在。

除大乘经典中处处见说阿赖耶识,于声闻乘经典中亦异门密意说赖耶。此中引《增一阿笈摩》及大众部阿笈摩、化地部等经典中,爱等阿赖耶、根本识、穷生死蕴等赖耶异门。以及针对声闻乘关于"心、意、识"文异义一的异执,和对于把五取蕴等说成阿赖耶进行反驳。

理证赖耶主要内容为:论证赖耶和赖耶差别。论证赖耶主要依染净诸法生起的角度,从烦恼杂染、业杂染、生杂染、世间清净、出世清净五相来说明。具体论证内容可归纳为七个方面,分别为持种证、结生相续证、执受证、识与名色互为缘证、四食证、死时证、灭尽定证。本章五相七证论证赖耶,对《瑜伽师地论》赖耶论证作了重新整理和补充,也为后来《成唯识论》五教十证奠定了理论基础。

赖耶差别,此中着重讲种子。主要分三方面内容:一、关于种子由来,提出由熏习生。有漏种由赖耶受转识现行熏习而生;无漏种由正闻熏习而生。二、种子差别,有名言种子、我执种子、业种子三类,及引发差别、异熟差别、缘相差别、相貌差别四大类。再以共相种子、不共相种子,有受尽种子、无受尽种子,粗重种、轻安种,具足相种、不具足相种等,来说明有情生命正依报及染净问题。三、无漏清净种子寄在赖耶中,以赖耶为所依,非赖耶自体,为法身所摄种子。

📖 思考题

1. 有何理由成立染污意?

2. "意成二种"请问是哪两种意,请分别说明?

3. 为什么说"五取蕴""贪具乐受""萨伽耶见"名赖耶不能成立?

4. 为什么说善恶的杂染诸法熏成的种子识是无记的,又无记的种子转现的杂染诸法是善恶具的,举例说明。

5. 于赖耶中不明白第一缘起和第二缘起,分别有何过失?

6. 为什么说六识不能受熏?

第三章　所知相分第三

【本章导读】

所知相者，谓能知识所知法之相状，就一切法要的所应知、所应断、所应证三种差别，立所知法三相——依他起相、遍计所执相、圆成实相。

本章在安立诸法依他起、遍计所执、圆成实三相的同时，从经教证明、修定者的经验、譬喻显示、理论说明等几方面来成立诸法"唯识无义"之唯识见。在说明三相上就名义、一异、品类进行介绍，以及关于三相的各种疑难进行解答，最后通过三相来贯通大乘法教。

本章就三相来说明染净诸法心境空有的问题，成立诸法唯识的观点。三相中，以依他起相为中心，说明客观世间的缘起性；遍计所执相是对原本缘起的客观世间虚妄分别执为实我实法，说明主观世间的虚妄性；圆成实相就是对诸法实相的呈现，说明实相世间的真实性。

第一节　出所知相体成立唯识

一　所知相体

已说所知依，所知相复云何应观[1]？此略有三种：一、依他起相，二、遍计所执相，三、圆成实相。

【释义】

已说诸法所知依阿赖耶识，诸法所知相应云何见？诸法所知相略有三种：谓依他起相、遍计所执相、圆成实相。

【注释】

[1] 观：《藏要》本根据藏文本、无性释、世亲释改为"见"。

二　略释三相

此中何者依他起相？谓阿赖耶识为种子，虚妄分别所摄诸识[1]。此复云何？谓身[2]，身者[3]，受者识[4]，彼所受识[5]，彼能受识[6]，世识[7]，数识[8]，处识[9]，言说识[10]，自他差别识[11]，善趣恶趣死生识[12]。此中若身，身者，受者识，彼所受识，彼能受识，世识，数识，处识，言说识，此由名言熏习种子。若自他差别识，此由我见熏习种子。若善趣恶趣死生识，此由有支熏习种子。由此诸识，一切界趣杂染所摄依他起相虚妄分别皆得显现。如此诸识，皆是虚妄分别所摄，唯识为性，是无所有非真实义显现所依；如是名为依他起相。

此中何者遍计所执相？谓于无义唯有识中似义显现。

此中何者圆成实相？谓即于彼依他起相，由似义相永无有性。

【释义】

何者为依他起相？谓以阿赖耶识种子为因性所缘起的，虚妄分别所摄一切诸识（法）。何为诸识？谓身识等十一识。此中，身、身者、受者识、彼所受识、彼能受识、世识、数识、处识、言说识由名言种子缘起；自他差别识由我见种子缘起；善趣恶趣死生识由业种子缘起（见图6）。由此诸识，一切三界六趣杂染所摄，依赖耶种子为因性，虚妄分别诸法得以显现。如此诸识，以赖耶种子为因性，以虚妄分别为自体，以不真实的诸识为别相，为似义显现的所依，谓之依他起相。

此中何者遍计所执相？谓因虚妄分别，对无有实在义的诸识（法）执为实在，而现起的似义相为遍计所执相。

此中何者圆成实相？谓在依他起相上，对虚妄分别所摄诸识，明白其是虚妄分别的似义相，没有实在的自性可得，对似义相永远不会起有实在自性的执着，离一切分别相的境界，就是圆成实相。

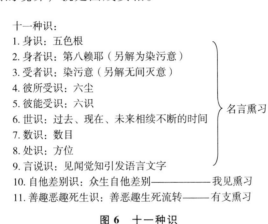

十一种识：
1. 身识：五色根
2. 身者识：第八赖耶（另解为染污意）
3. 受者识：染污意（另解无间灭意）
4. 彼所受识：六尘
5. 彼能受识：六识
6. 世识：过去、现在、未来相续不断的时间 ——名言熏习
7. 数识：数目
8. 处识：方位
9. 言说识：见闻觉知引发语言文字
10. 自他差别识：众生自他差别————我见熏习
11. 善趣恶趣死生识：善恶趣生死流转————有支熏习

图6 十一种识

【注释】

[1] **诸识**：即为诸法。识谓了别义，明了显现。诸法因识而明了显现故谓之诸识。本论从能认识的角度出发，把所认识的法归纳为十一识。

[2] **身识**：谓五净色根，眼、耳、鼻、舌、身，因为这五根属身的范畴，所以称为身识。

[3] **身者识**：世亲解释说是末那染污意。《解深密经疏》依无性释解说为第八阿赖耶识，"身者"的"身"指五色根，"身者"就是持受五色根的赖耶。

[4] **受者识**：指染污意，第六意识生起的所依根。受者指第六意识，即身的感受者。

[5] **彼所受识**：谓六识所取的六尘，这色、声、香、味、触、法，是六根所触受的六种境界。

[6] **彼能受识**：谓我们能分别的眼、耳、鼻、舌、身、意等六种识。（"身

识"至"彼能受识"——十八界，即六根、六境、六识相加。）

[7] **世识**：谓过去、现在、未来相续不断的时间。

[8] **数识**：谓数目，一、二、三、四、五、六、七等。

[9] **处识**：谓有情众生居住的处所方位。

[10] **言说识**：谓众生由见闻觉知，而引发的语言文字。

[11] **自他差别识**：谓众生的自他差别。

[12] **善趣恶趣死生识**：谓众生作了善业，在善道里流转生死；作了恶业，在恶趣里流转生死。即在善恶趣中生死流转的境界。

三 成立唯识

（一）十一识摄诸法

此中身，身者，受者识，应知即是眼等六内界[1]。彼所受识，应知即是色等六外界[2]。彼能受识，应知即是眼等六识界[3]。其余诸识，应知是此诸识差别。

【释义】

唯识学把一切法归结为识的似义显现，离识的虚妄分别无有实在义可得，成立诸法"唯识无义"。以十一识摄十八界诸法：

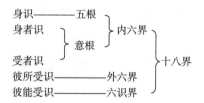

世识、数识是前五识差别相
言说识、自他差别识是意识分别
善趣恶趣死生识是身识在善恶趣的生死流转

图7 十一识摄十八界诸法

【注释】

[1] **六内界**：谓眼内界、耳内界、鼻内界、舌内界、身内界、意内界。又称为六根。

[2] **六外界**：谓色外界、声外界、香外界、味外界、触外界、法外界。又

称为六尘或六境。

[3] **六识界**：谓眼识界、耳识界、鼻识界、舌识界、身识界、意识界。

（二）明唯识无义

1. 譬喻说明

又此诸识皆唯有识，都无义故。此中以何为喻显示？应知梦等为喻显示。谓如梦中都无其义独唯有识，虽种种色声香味触，舍林地山似义影现，而于此中都无有义。由此喻显，应随了知一切时处皆唯有识。由此等言，应知复有幻诳[1]，鹿爱[2]，翳眩[3] 等喻。若于觉时一切时处皆如梦等唯有识者，如从梦觉便觉梦中皆唯有识，觉时何故不如是转？真智觉[4] 时亦如是转：如在梦中此觉不转，从梦觉时此觉乃转，如是未得真智觉时，此觉不转，得真智觉此觉乃转。

【释义】

十一识所摄十八界诸法唯是识的似义显现，离识无有实在义可得。如梦中种种六尘境象，唯识梦中识显现，觉醒无有真实义。亦如幻诳、鹿爱、翳眩等境象。

梦醒觉知梦境非实，为何于醒时不生如是觉知？凡夫众生于无明大梦中，未得真智觉故，无法觉知诸法唯识无义。如同梦中未觉梦境非实，得真智觉觉知诸法唯识，亦如梦醒觉知梦境非实。

论中用梦喻来说明所缘诸法唯识无义，我们凡夫众生之所以不能觉知，把其执为实有，是因为我们真智未得，还处在无明大梦中，如同我们在梦中把梦境认为是真实一样。其实所认识的一切法，离开能认识的识无有实在义可得。

【注释】

[1] **幻诳**：欺诳不实的幻象。

[2] **鹿爱**：谓阳焰，因阳焰远看如水，被口渴的鹿深深地爱着并奔袭追寻故称鹿爱。

[3] **翳眩**：眼疾，白内障。

[4] **真智觉**：谓缘真如实相之智，又称圣智。

2. 教理说明

其有未得真智觉者，于唯识中云何比知？由教及理应可比知[1]。此中教者，如《十地经》[2] 薄伽梵说："如是三界，皆唯有心。"又薄伽梵《解深密经》亦如是说，谓彼经中慈氏菩萨问世尊言："诸三摩地所行影像[3]，彼与此心当言有异？当言无异？"佛告慈氏："当言无异，何以故？由彼影像唯是识故；我说识所缘，唯识所现[4] 故。""世尊！若三摩地所行影像，即与此心无有异者，云何此心还取此心？""慈氏！无有少法能取少法，然即此心如是生时，即有如是影像显现。如质为缘还见本质，而谓我今见于影像，及谓离质别有所见影像显现。此心亦尔，如是生时，相似有异所见影现。"

即由此教理亦显现。所以者何？于定心中随所观见诸青瘀等[5] 所知影像，一切无别青瘀等事，但见自心。由此道理，菩萨于其一切识中，应可比知皆唯有识，无有境界。又于如是青瘀等中，非忆持识见所缘境，现前住故。闻思所成二忆持识，亦以过去为所缘故，所现影像得成唯识。由此比量，菩萨虽未得真智觉，于唯识中应可比知。

【释义】

未得真智觉者，如何理解诸法唯识义？通过教及理来理解唯识义。此中教者：

《十地经》："如是三界，皆唯有心。"

《大方广佛华严经·十地品》① 及《佛说十地经·菩萨现前地》② 中，世尊从十二缘起来观察众生于三界中生死流转之事，唯一念分别心而已，离一念分别无有实在。此中所说"三界唯心"，其实就是"唯识无义"理。

《解深密经·分别瑜伽品》中慈氏菩萨请教世尊："三摩地所行影像与心当言有异，当言无异？"

世尊以"由彼影像唯是识故；我说识所缘，唯识所现故"，回答道："三摩地影像与心无异。"

---

① （东晋）佛驮跋陀罗译《大方广佛华严经》卷25《十地品 二十二》："三界虚妄但是心作；十二缘分是皆依心，所以者何？随事生欲心，是心即是识，事是行，行诳心故名无明，识所依处名色，名色增长名六入，三事和合有触，触共生名受，贪着所受名为爱，爱不舍名为取，彼和合故名为有，有所起名为生，生变名为老，老坏名为死。"CBETA, T09, no. 278, p. 558, c10-16。

② （唐）尸罗达摩译《佛说十地经》卷4《菩萨现前地 六》："即此菩萨作是思惟：所言三界，此唯是心，如来于此分别演说十二有支，皆依一心如是而立。何以故？若于事中贪欲相应，心起是识事即是行，于行迷惑是即无明，行与无明及心共生是谓名色，名色增长是谓六处，六处分是谓触，触共生是受，受用之时不厌是爱，爱逼摄受不舍是取，彼有支生起是有，有所起名生，生熟是老，老坏为死。"CBETA, T10, no. 287, p. 553, a10-18。

若三摩地影像与心无异，慈氏复疑："何故此心还缘取此心？"能所才能相缘，与心无异，如何缘取？

世尊答言："无有少法缘取少法。"对此印顺法师认为："诸法生灭无常，如心去缘时，此心生起即灭去，后心生。对于前心来言，灭去故无法缘；后心亦刹那灭无法缘。"（见印顺法师《摄大乘论讲记》）王恩祥居士认为，"异法不相取"二法不关联、不能缘取，不异才能缘取（见王恩洋《摄大乘论疏》）。一切法皆是虚妄分别心所现，离虚妄分别心，无有少法能取少法。

三摩地影像与心无异，就体上讲。能缘心与所缘影像同一体性，所缘影像离心无有别体。如同照镜子，脸照镜子，以脸为缘于境中显现脸的影像，并不是真实的脸。以此说明虚妄分别心所摄的诸法"唯识无义"，所缘的法只不过是分别心影现，无有实在义可得。

此中所知理者，如修不净观，于定心中随所观见青瘀等影像。此青瘀等影像非忆持识摄；非闻思所缘。如是忆持识摄，定中影像必模糊故，而定中所见青瘀影像与青瘀等事无别。如是闻思缘取，闻思不净观教法在前，现已经成为过去。由此道理，菩萨可以理解唯识无义。

不净观所显种种青淤等相，是能观心影现，离心无有别体。如同不净观种种青淤影像一样，分别心所摄诸识亦是离心无有别体，诸识（诸法）唯识无义得成。

通过以上所举圣教和修观道理，未得真智觉的菩萨可以推论出"唯识无义"的道理。

【注释】

［1］**教理比知**：比知，谓比量，即通过佛陀圣教量和已知的道理来推理、比较出未知的道理。

［2］**《十地经》**：梵文 Daśabhūmikam 的意译，唐尸罗达摩译，九卷。异译本有《十住经》，后秦·鸠摩罗什译，六卷；《渐备一切智慧经》，西晋·竺法护译，五卷。本经是《华严经·十地品》的别译，本经释论为世亲菩萨的《十地经论》十二卷，龙树菩萨的《十住毗婆沙论》十七卷。

［3］**三摩地所行影像**：禅定中定心所现的境像。"三摩地者，是能令心住一境性。心法为体，此所缘境说名所行。本境名质，似彼现者，说名影像。"[①]

［4］**识所缘，唯识所现**：识所缘取境像，唯识生起的所现的影像。"外识所

---

① 〔印〕无性造、（唐）玄奘译《摄大乘论释》卷4，CBETA，T31，no.1598，p.400，b23-25。

缘境，唯是内识之所显现。即是所缘境，识为自性义。此意说言识所缘境，唯是识上所现影像无别有体。"①

[5] **青瘀等**：谓修不净观时所缘不净相之一。其修法依《声闻地》所载，修不净时所观身内外不净自相之外不净相。于亲自所见或听闻死尸取彼相，观其死经一日至七日，死尸血液不流动到烂坏的相状，生起青瘀等胜解。俾使行者心生厌恶、以断欲贪。②

3. 通释疑难

如是已说种种诸识，如梦等喻，即于此中眼识等识可成唯识，眼等诸识既是有色，亦唯有识云何可见？此亦如前由教及理。若此诸识亦体是识，何故乃似色性显现，一类坚住，相续而转？与颠倒等诸杂染法为依处故；若不尔者，于非义中起义颠倒，应不得有。此若无者，烦恼、所知二障杂染应不得有。此若无者，诸清净法亦应无有。是故诸识应如是转。

此中有颂：

"乱相[1] 及乱体[2]，应许为色识，及与非色识，若无余亦无。"

何故身，身者，受者识，所受识，能受识，于一切身中俱有和合转，能圆满生受用所显故。

何故如说世等诸识差别而转？无始时来生死流转[3] 无断绝故；诸有情界无数量故；诸器世界无数量故；诸所作事展转言说无数量故；各别摄取受用差别无数量故；诸爱非爱业果异熟受用差别无数量故，所受死生种种差别无数量故。

【释义】

此处就"诸法唯识"分别提出有色非识、色相坚住、自性和合、差别影现四疑。

（1）有色非识疑：前如梦等喻明身等诸识唯识无义，其中眼识等六识界属心法唯识可成，眼等有色根非识无了别故，唯识云何成立？论主以亦如前"三界唯心"等教及"定中青瘀"等理可明。就此王恩洋居士举"眼识所缘色相随眼识所变及多人同见一物所见不同"来成立"色亦唯识"（见王恩洋《摄大乘

---

① 〔印〕无性造、（唐）玄奘译《摄大乘论释》卷 4 ，CBETA，T31，no.1598，p.400，b26-28。
② 弥勒菩萨说、（唐）玄奘译《瑜伽师地论》卷 30，CBETA，T30，no.1579，p.452，a11。这个可以依据《俱舍》《声闻地》等来解释。

论疏》）。

（2）色相坚住疑：如果此有色根其体性亦是识，为何色相一类坚住？色相坚住，一类相续，与识刹那生灭不同故非识。论主认为"色相坚住，一类相续"是因为我们众生在认识上有限量，是众生的颠倒妄见。众生无始以来把现前色法一类相续执为实有，熏习赖耶成种子，成为一类相续色法之因现起色法，归根结底说还是唯识无义。假如色相坚住非颠倒妄见，而是真实相，那么颠倒分别不成、烦恼所知二障不成、清净杂染不成、涅槃解脱不成，是故诸色亦是唯识转。论主再引《庄严大乘论·述求品》颂文从色识与非色识"此无彼亦无"的关系，说明一类相续色相，依识而转，似义显现，离识无有别体。

（3）自性和合疑：根（身识、身者识、受者识）、境（彼所受识）、识（彼能受识）皆以识为自性，应各自有了别作用，无须和合才有了别作用。论主以为了圆满众生生命体受用果报故，说明显示十八界具转。

（4）差别影现疑：十八界能够通摄诸法，为何还要说世识、数识、处识等差别？立世识，因有情生命无始时来生死流转故；立数识，因有情众生各自不同种类故；立处识，因有情众生感得依报差别故；立言说识，因有情众生心作种种事，辗转言说故；立自他差别识，因有情众生各别摄取受用故；立善趣恶趣死生识，因有情众生造爱非爱差别业，感爱非爱果报，所受生死种种差别故。从有情生命的视角，十八界就一期生命为中心所安立。安立世识等更好地说明有情生命生死流转和世间万有诸法，并不是建立十八界外别有余识体。

【注释】

［1］**乱相**：所缘虚妄颠倒相——色识。

［2］**乱体**：虚妄分别心——非色识。

［3］**流转**：梵文 Saṃsāra 意译，流者，相续之义，转者起之义，谓有为法之因果相续而生起。盖一切凡夫作善恶之业，感苦乐之果，轮回于六趣生死流转不息。《瑜伽师地论》卷五十二："诸行因果相续不断性，是谓流转。"①

（三）安立三相成立唯识

复次，云何安立如是诸识成唯识性？略由三相：一、由唯识，无有义故；二、由二性，有相有见二识别故；三、由种种，种种行相而生起故。所以者何？此一切识无有义故，得成唯识[1]。有相见故，得成二种：若眼

_____

① 弥勒菩萨说、（唐）玄奘译《瑜伽师地论》52 卷，CBETA，T30, p.587。

等识，以色等识为相，以眼识识为见；乃至以身识识为见；若意识，以一切眼为最初，法为最后诸识为相，以意识识为见。由此意识有分别[2] 故，似[3] 一切识而生起故。

此中有颂：

"唯识二种种，观者意能入，由悟入唯心，彼亦能伏离。"

【释义】

诸法（诸识）唯识云何可见？此中安立唯识等三相来说明诸法唯识义。

1. 唯识无义：说明诸法真实相，唯识无义的根本义。众生对诸识的执着表现为：实法，即执十八界诸法有实在义可得；实我，执色受想行识里有一恒常的我。其实身等一切识乃虚妄分别识所摄似义显现，离识无有实在义可得。

2. 相见差别：说明识分别功能的实质，实为唯识所现。以虚妄分别故有能所交涉，从而也有能缘见和所缘相的相见二性差别。诸识依相见得成相识和见识二性：五尘对于五识为相，五识对于五尘为见，十二处对于意识为相，意识对于十二处为见。

表4　诸识依相见得成相识和见识二性

相识（所）	见识（能）
色识	眼识识
声识	耳识识
香识	鼻识识
味识	舌识识
触识	身识识
十二处识（初眼后法）	意识识
彼所受识	彼能受识

3. 种种行相：说明种种诸法的建立，由虚妄分别所摄。因意识的缘取能力强大，于分别诸识时，种种诸识似义相显现，故因意识分别，种种相得成，安立诸法。

引颂文明依三相修唯识观次第：通过三种唯识意趣，观者可以悟入诸法唯心（识）无义，由悟入诸法唯识无义，从所取法无，进而伏离能见心无，而契入诸法平等性。

【注释】

[1] **唯识**：《藏要》本校注称："藏本此二字作唯彼，魏、隋本同，于义更

顺，今译改文，次下各段例知。"

[2] **意识有分别**：就意识强大的缘取功能而言。分别有三种：谓第一，自性分别，以寻或伺之心所为体，直接认识对境之直觉作用。第二，计度分别，与意识相应，以慧心所为体之判断推理作用。第三，随念分别，与意识相应，以念心所为体，而能明记过去事之追想、记忆作用。在六识之中，意识具足上述之三分别，所以称为有分别。

[3] **似**：《碛砂藏》本原作"以"，《藏要》本根据藏本和《高丽藏》本改。

（四）引一意识说成立唯识

又于此中，有一类师说一意识[1]，彼彼依转得彼彼名，如意思业[2] 名身语业。又于一切所依转时，似种种相二影像转：谓唯义影像[3]，及分别影像[4]。又一切处亦似所触影像而转，有色界[5] 中，即此意识依止身故[6]，如余色根依止于身。

此中有颂：

"若远行[7] 独行[8]，无身寐于窟[9]。调此难调心，我说真梵志[10]。"

又如经言："如是五根所行境界，意各能受，意为彼依。"

又如所说十二处中，说六识身皆名意处。

【释义】

一类唯识学者不承认六识，只承认一意识，认为前五识是意识多方面的活动，没有离意识别有的体。意识在五根上活动缘取五尘，依根立五识名。

意识对外依五根转时，现出种种分别，有似义的种种相由于两种影像转起。此中两种影像谓唯义影像和分别影像，即相见二分。似义现的"唯义影像"就是所分别的相分。而能分别"唯义影像"的"分别影像"，就是能分别的见分。意识向内转时，转向微细意识，依内似现的所触影像而转。如禅定中，依三摩地影像而转。意识在有色界中依止根身而存在，如同其余眼等色根依止身一样。此中，一意识即是唯识相，二影像即相见二相，似种种相即种种相。

一意识者引圣教成立彼说：如《法句经》颂言："意识能独自分别一切所分别境界，无有性质居于身窟中，能够调伏此难调心，是谓真梵志。"又如五根生识教言："五根所行境界，唯意识能够个个分别，依此意识为增上彼五识生起"

又如十二处教言："六识身皆名意处。"①

【注释】

[1] **一意识**：古唯识义，不承认六识，只承认一意识，认为其他五识是意识多方面的活动，没有离意识别有的体，本来就是一意识。"一意识者"和"多识论者"的争论点，其实不在识上，而是关于识体的问题。多识论的观点是六识皆有自体，一意识者的观点是前五识没有自体，而是以意识为体的。

[2] **意思业**：即与意识相应之思心所，对境的三种审虑作用。（1）对境取正因邪因俱相违等之相，加以审察思虑，称为审虑思。（2）审虑后，决定其意，称为决定思。（3）决定之后，方才发动身、语二业，称为动发思。其中，前二思为意业。动发思又可分为动身思与发语思，动身思为身业，发语思为语业。

[3] **唯义影像**：谓依识似义显现的相分，离识无有实义，唯是似义故。

[4] **分别影像**：谓能分别似义影响的见分，分别似"义影像"故。

[5] **有色界**：谓三界中欲界与色界，此二界不同于无色界，都有物质故。

[6] **意识依止身**：谓在有色界意识依止身根，执受身。此中从意识执受根身来看，包含阿陀那识的业用，古唯识说一意识，其实统摄了八识的意义，而新唯识进而细化别说。

[7] **远行**：指意识有强大的缘虑作用，能缘虑一切所缘境故。

[8] **独行**：指意识缘虑所缘境时独立活动，依五根缘虑五尘境，五识无有别体，唯一意识故。

[9] **无身寐于窟**：指意识没有形质，居于身内。

[10] **梵志**：据《瑜伽论记》卷19载："梵者西国言，此翻为寂静，谓涅槃也。志是此方语，志求于梵，故云梵志。"② 文中指志求四向四果之修解脱道者。

（五）约本识因果成立唯识

若处安立阿赖耶识识为义识[1]，应知此中余一切识是其相识，若意识识及所依止是其见识，由彼相识是此见识生缘相故，似义现时能作见识生依止事。如是名为安立诸识成唯识性。

---

① 《唯识义》卷4："问，尔依几证文立一意识？答，依五证文。即一、法足经云：若远行独行，无身寐于窟，调此难调心，我说真梵志（云云）。此师释云：游历诸境故说远行，无第二故复言独行（云云）。二、五根生识经云：如是五根所行境界，意各能受，意为彼依（云云）。三、十二处经云：十二处中，说六识身皆名意处（云云）。（以上三证在抄论第四卷）" CBETA, D37, no. 8896, p. 219, b2-7。
② （唐）释遁论集撰《瑜伽论记》卷19，CBETA, T42, p. 732。

【释义】

按赖耶种子为因性来说，五色根和六尘是赖耶的相识；意识及其所依止处末那识，是赖耶的见识。因五色根及六尘是前七转识生起的所缘相，五根及六尘是赖耶种子为因性的似义显现，其似义现起时能作为前七转识的生起依止。可见这相见二分不离赖耶种子为因性，就此统——切识成立唯识无义。

【注释】

[1] **义识**：《藏要》本校注："勘藏本此是境义，魏本作尘识是也，无性解作因义。"《摄大乘论无性释》卷4载："义是因义，即是安立阿赖耶识以为因识。"

（六）依四智辨唯识无义

诸义现前分明显现而非是有，云何可知？如世尊言："若诸菩萨成就四法，能随悟入一切唯识都无有义。一者，成就相违识相智，如饿鬼傍生及诸天人，同于一事，见彼所识有差别故。二者，成就无所缘识现可得智，如过去未来梦影缘中有所得故。三者，成就应离功用无颠倒智，如有义中能缘义识应无颠倒，不由功用智真实故。四者，成就三种胜智随转妙智。何等为三？一、得心自在一切菩萨，得静虑者[1]，随胜解力诸义显现。二、得奢摩他修法观者[2]，才作意时诸义显现。三、已得无分别智者无分别智现在前时，一切诸义皆不显现。"由此所说三种胜智随转妙智，及前所说三种因缘，诸义无义道理成就。

【释义】

现前如实所显所缘境（诸义）"唯识无义"，云何可知？谓菩萨成就四智，便能悟入诸法唯识无义。

第一，相违识相智。

体证诸法无有实在义，明白诸义唯识所现。此种智能所体现的真实与原先执识相为实有相违背，故谓相违识相智。

所现识相随众生各自的业力，各自的虚妄分别现不同相。如饿鬼、旁生、诸天、人，因为各自的福德因缘不同，他们于同一事所见有差别。

第二，无所缘识现可得智。

明白识在无所缘的情况下，也会起现行的智能。如过去、未来梦影缘中有所得故。

第三，离功用无颠倒智。

通达诸法唯识无义，无须功用消除我们凡夫非义计义颠倒的智慧。

第四，随妙转智。

所谓随妙转智，就是一切境界能够随心所转，其一共包括三种殊胜的智慧：一者，随自在者智而转，心得自在的菩萨，于一切境随心自在而转。二者，随观察者智而转，心得奢摩他成就者，诸义随作意显现。三者，随无分别智而转，无分别智现前者，心与真如相应，诸义皆不显现。

由此四智，可悟入现前所显诸义唯识无义。

【注释】

［1］**得静虑者**：梵文 Dhyāna 意译，为生于色界四禅天所修的禅定。

［2］**得奢摩他修法观者**：谓成就奢摩他者，于所缘境明静而住，所缘境相随奢摩他作意显现。

第二节　通释三性

一　三性释名

若依他起自性，实唯有识，似义显现之所依止，云何成依他起？何因缘故名依他起？从自熏习种子所生，依他缘起故名依他起；生刹那后无有功能自然住故，名依他起。

若遍计所执自性，依依他起实无所有似义显现，云何成遍计所执？何因缘故名遍计所执？无量行相意识遍计颠倒生相[1]，故名遍计所执；自相实无，唯有遍计所执可得，是故说名遍计所执。

若圆成实自性，是遍计所执永无有相，云何成圆成实？何因缘故名圆成实？由无变异性故名圆成实；又由清净所缘性故，一切善法最胜性故，由最胜义名圆成实。

【释义】

此中通过三性的自体和名称来阐释三性。

唯识无义，似义显现诸法所依止之依他起自性，云何成依他起？何因缘名依他起？

（1）依他生故，名依他起

依他起诸法从自类熏习种子所生，其依自类他种子为缘所现起故谓依他起。

（2）依他住故，名依他起

需由他法依持自然安住刹那生灭故谓依他起。

遍计执依他起似义显现唯识无义诸法为实有之遍计所执自性，云何成遍计所执？何因缘名遍计所执？

（1）遍计相故，名遍计所执

无量行相的意识能够周遍计度一切似义显现的颠倒生相，故名遍计所执。

（2）遍所计故，名遍计所执

原本自相实无的依他起似义法，因有遍计所执，而有似义的相可得，是故说名遍计所执。

断除遍计所执所证诸法真实相之圆成实相，云何成圆成实？何因缘名圆成实？

（1）无变异性故，名圆成实自性

远离遍计所执相，诸法真实原本圆满、成就、真实相无有变异，名圆成实性。

（2）最胜义故，名圆成实自性

最胜义：一者，"由清净所缘性故"。圆成实体性是圣者清净智所缘，不是凡夫虚妄分别心所缘。二者，"一切善法最胜性故"。圆成实性是无分别智所缘诸法真实，是成就最胜善法无上菩提的大解脱境界。

【注释】

［1］**颠倒生相**：谓原本似义显现依他起诸法，唯识无有实义，因虚妄分别遍计为实义。

二 别释遍计所执

复次，有能遍计，有所遍计，遍计所执自性乃成。此中何者能遍计？何者所遍计？何者遍计所执自性？当知意识是能遍计，有分别故。所以者何？由此意识用自名言熏习[1] 为种子，及用一切识名言熏习为种子，是故意识无边行相分别而转，普于一切分别计度，故名遍计。又依他起自性，名所遍计。又若由此相令依他起自性成所遍计，此中是名遍计所执自性。由此相者，是如此义。

　　复次，云何遍计能遍计度？缘何境界？取何相貌？由何执着？由何起语？由何言说？何所增益？谓缘名[2]为境，于依他起自性中取彼相貌，由见[3]执着，由寻[4]起语，由见闻等四种言说[5]而起言说，于无义中增益为有，由此遍计能遍计度。

【释义】

约能所和品类别释遍计所执自性。

（1）约能所释遍计所执自性

有能遍计，有所遍计，遍计所执自性乃成。此中何者能遍计？何者所遍计？何者遍计所执自性？

意识是能遍计，能分别故。

第六意识缘境，熏成的见名言种子是意识能分别现行的种子；第六意识与前五识俱起分别缘境时，熏成的似义相名言种子是意识所分别现行的种子。由此见相二种子现行，意识起无边分别行相，于所缘境界中分别而转，普遍于一切所缘境界分别计度，故名能遍计。

依他起自性是所遍计，谓虚妄分别心所现似义相故。

以赖耶为因性，虚妄分别所摄，依他起似义诸法为所遍计。三相中遍计所执相谓能遍计遍计所遍计的结果，如绳蛇喻中的"蛇"相，而非客观存在的依他起诸法。圆成实相为圣者清净智所缘，凡夫虚妄分别心不能缘虑。

能遍计遍计所遍计，由如是相执如是义，谓遍计所执自性。即无量行相第六意识起现行，遍计所遍计依他起自性，执原本唯识似义显现诸法执为实有。

所遍计与遍计所执自性两者可谓非一非异：所遍计如果从种子现行的角度来说，其与遍计所执自性是有差别的，因为遍计所执自性是对所遍计的一种认识，而所遍计是名言种子似义显现的乱相。如果从所缘的角度来讲，两者就是相同的，所遍计一现前就被能缘心执为实有，那就是遍计所执自性。

（2）约品类释遍计所执自性

能遍计如何遍计成遍计所执自性？缘何境界？取何相貌？由何执着？由何起语？由何言说？何所增益？

缘名言为境界，于依他起自性中取与名相应的似义相起分别，由虚妄分别而起执着，依寻思起语，由见闻觉知起言说，于唯识无义的似义境增益为实有。

由此能遍计遍计所遍计成遍计所执自性。

【注释】

[1] **名言熏习**：名即名字，言即言说。第六意识分别名字言说熏习第八种子之识，而能成就染分之相，故云名言熏习。

[2] **名**：谓名言，即相对诸法所诠义而言能诠名相。

[3] **见**：谓妄见，即虚妄分别说的各种观念、见解等。

[4] **寻**：谓寻思，即依自己的所执着，内心起种种的思维和观察。

[5] **见闻等四种言说**：谓见闻觉知四种言说，所见、所闻、所觉、所知是起言说的因缘，故称为四种言说。

三 三性关系

复次，此三自性为异为不异？应言非异非不异。谓依他起自性，由异门[1] 故成依他起；即此自性由异门故成遍计所执，即此自性由异门故成圆成实。由何异门此依他起成依他起？依他熏习种子起故。由何异门即此自性成遍计所执？由是遍计所缘相[2] 故，又是遍计所遍计故。由何异门即此自性成圆成实？如所遍计毕竟不如是有故[3]。

【释义】

三性的关系为异，为不异？应言非异、非不异。

（1）非异

三性是依他起自性上的异门别立。就诸法依他种子为因性似义现起故，立依他起自性。依他起诸法是遍计所缘相，遍计所遍计故，立遍计所执自性。依他起诸法遍计所执相毕竟不如是有故，立圆成实自性。

（2）非不异

三性虽从依他起自性异门别立，但三性由各自的概念。

【注释】

[1] **异门**：谓异门别类，此中指别说、别立。

[2] **缘相**，《藏要》本校注云："藏本此语云缘相，解作因义，三本同。今译所缘，从世亲。"此中"三本"为：元魏·佛陀扇多译本、陈·真谛译本、隋·笈多等译，世亲造《摄大乘论释论》。

[3] **不如是有故**，《藏要》本校注云："陈、隋本次有一段问答，何义由此一识成一切种识相，勘即前文安立赖耶为义识一段复出。"

四　三性品类差别

此三自性各有几种？谓依他起略有二种：一者，依他熏习种子而生起故，二者，依他杂染清净性不成故，由此二种依他别故，名依他起。遍计所执亦有二种：一者，自性遍计执故，二者，差别遍计执故，由此故名遍计所执。圆成实性亦有二种：一者，自性圆成实故，二者，清净圆成实故，由此故成圆成实性。

复次遍计有四种：一、自性遍计，二、差别遍计，三、有觉遍计，四、无觉遍计。有觉者，谓善名言；无觉者，谓不善名言。如是遍计复有五种：一、依名遍计义自性，谓如是名有如是义；二、依义遍计名自性，谓如是义有如是名；三、依名遍计名自性，谓遍计度未了义名；四、依义遍计义自性，谓遍计度未了名义；五、依二遍计二自性，谓遍计度此名此义如是体性。

【释义】

此三性各有几种品类？三性各有两种品类，其中一者为自性义，二者为差别义。

两种依他起自性：一者，依他熏习种子而生起故，一切染净诸法仗因托缘而生起故名依他起。二者，依他杂染清净性不成故，由虚妄分别成杂染依他，由无分别成清净依他，依他起具此二分故性不定。

两种遍计所执自性：一者，自性遍计执故，执似义显现诸法有实在自性。二者，差别遍计执故，每一法上分别执着其常、无常等差别义。

两种圆成实自性：一者，自性圆成实故，诸法无有实在自性法尔如是故，约不生不灭法性言。二者，清净圆成实故，唯识无义诸法本来清净故，约不增不减的法体言。

复次，遍计所执自性有四类遍计：一是自性遍计（如前）；二是差别遍计（如前）；三是有觉遍计；四是无觉遍计。

有觉者，谓善表达名言的人，依种种名言遍计分别诸法。无觉者，谓不善表达名言的其他众生，如牛羊等旁生；智能不健全者、未发育完全的婴儿。虽然他们不善于运用名言，但是他们依然从自我出发遍计分别诸法。

复有五种遍计所执自性：一、依名遍计义自性，如是名计如是义。二、依义遍计名自性，如是义计如是名。三、依名遍计名自性，根据已知义的名遍计未知义的名。四、依义遍计义自性，根据已知名的义遍计未知名的义。五、依二遍计二自性，依已知之名和义遍计未知之名和义。

五　别说十种分别

复次，总摄一切分别略有十种：一、根本分别，谓阿赖耶识。二、缘相分别，谓色等识。三、显相分别，谓眼识等并所依识。四、缘相变异分别，谓老等变异，乐受等变异，贪等变异，逼害[1] 时节代谢[2] 等变异，椋落迦[3] 等诸趣变异，及欲界等诸界变异。五、显相变异分别，谓即如前所说变异所有变异。六、他引分别，谓闻非正法类及闻正法类分别。七、不如理分别，谓诸外道[4] 闻非正法类分别。八、如理分别，谓正法中闻正法类分别。九、执着分别，谓不如理作意类，萨迦耶见[5] 为本六十二见[6] 趣相应分别。十、散动分别，谓诸菩萨十种分别：一、无相散动，二、有相散动，三、增益散动，四、损减散动，五、一性散动，六、异性散动，七、自性散动，八、差别散动，九、如名取义散动，十、如义取名散动。为对治此十种散动，一切般若波罗蜜多中说无分别智。如是所治能治，应知具摄般若波罗蜜多义。

【释义】

十种分别总摄能分别心和所分别之似义相，分别为：

1. 根本分别，谓阿赖耶识，即诸法似义显现的根本。

2. 缘相分别，谓色等识，即似义显现的所缘相。

3. 显相分别，谓眼识等并所依识，即能缘所缘相的前七转识。此中，阿赖耶识是义识，色等识是相识，眼识等并所依识是见识，可见以上三种分别总摄一切分别。

4. 缘相变异分别，谓缘相分别的分别说明。分别为：生老病死等变异；三界众生苦、乐、舍等感受上的变异；贪、瞋、痴等烦恼的变异；众生彼此逼害及四季时节变换的变异；众生六道诸趣轮回的变异；众生于三界中不同器界的变异。

5. 显相变异分别，谓显相分别的分别说明，即就前缘相分别变异所引起的种种分别。

6. 他引分别，谓由他影响所产生的分别。分别为：闻非正法类引起的分别，如不好的朋友；你接受非理性的信仰，如邪教等；还有个别媒体不良的引导产生邪知邪见。闻正法类引起的分别，如受善知识、好环境、良好的教育、理性的信仰等这些引导产生正知正见。

7. 不如理分别，谓宗教立场上的分别，即诸外道闻非正法类分别，站在宗教立场，相对于佛教徒以外的宗教徒来说。

8. 如理分别，指学佛者而言，谓正法中闻正法类分别，即佛教徒通过学习佛法，生起正知见，进行的如理分别。

9. 执着分别，相对声闻乘学者所要破除的我见而言，谓不如理作意类，萨迦耶见为本，六十二见趣相应分别。

10. 散动分别，相对大乘学者所要对治的十种散动而言。此十种散动依般若经而立，《般若经》所说无分别智，就是对治这十种散动分别的，这也是整部《般若经》核心所在。世亲菩萨和无性菩萨在其所著的《摄大乘论释》中，皆引《大般若经·学观品》①中的一段经文来说明，可见摄论在这里是站在唯识学的角度对《般若经》的另外诠释。

十种散动分别为：（1）无相散动，即对诸法无相的执着。以"实有菩萨"对治。（2）有相散动，即执着诸法实有，执着色受想行识是实我，起我见。以"不见有菩萨"对治。（3）增益散动，即第六意识的虚妄分别的无量行相。以"菩萨自性空……色自性空……受想行识自性空……"对治。（4）损减散动，即把真实实有的法妄执为无。以"不由空故"对治。（5）一性散动，即把法和法性执为一。以"色空非色"对治。（6）异性散动，即把法和法性执为二。以"色不离空，空不离色。色即是空，空即是色"对治。（7）自性散动，即执诸法

———————————

① （唐）玄奘译《大般若波罗蜜多经》卷4《学观品 二》："尔时，舍利子白佛言：'世尊！云何菩萨摩诃萨应行般若波罗蜜多？'佛告具寿舍利子言："舍利子！菩萨摩诃萨修行般若波罗蜜多时，应如是观：'实有菩萨不见有菩萨，不见菩萨名，不见般若波罗蜜多，不见般若波罗蜜多名，不见行，不见不行。'"何以故？舍利子！菩萨自性空，菩萨名空。所以者何？色自性空，不由空故。色空非色，色不离空，空不离色，色即是空，空即是色。受、想、行、识自性空，不由空故。受、想、行、识空非受、想、行、识，受、想、行、识不离空，空不离受、想、行、识，受、想、行、识即是空，空即是受、想、行、识。何以故？舍利子！此但有名谓为菩提，此但有名谓为萨埵，此但有名谓为菩提萨埵，此但有名谓之空，此但有名谓之为色、受、想、行、识。如是自性无生、无灭、无染、无净，菩萨摩诃萨如是行般若波罗蜜多，不见生、不见灭、不见染、不见净。何以故？但假立客名，别别于法而起分别；假立客名，随起言说如言说，如是如是生起执着。菩萨摩诃萨修行般若波罗蜜多时，于如是等一切不见，由不见故不生执着。'" CBETA, T05, no. 220, p. 17, b25-c16。

有自性可得。以"此但有名谓之……"对治。（8）差别散动，即对诸法作种种的分别。以"如是自性。无生无灭无染无净。菩萨摩诃萨如是行般若波罗蜜多。不见生不见灭。不见染不见净"对治。（9）如名取义散动，即依名遍计义自性，按照某一名字去遍计这个名所诠的义，并且执为实有。以"如是自性。无生无灭无染无净。菩萨摩诃萨如是行般若波罗蜜多。不见生不见灭。不见染不见净"对治。（10）如义取名散动，即依义遍计名自性，就种种的事情的义，去取种种的名字。以"假立客名，随起言说如如言说，如是如是生起执着"对治。

【注释】

　　[1] **逼害**：指众生与众生有冲突的时候，有杀、缚各式各样苦恼的事情，这些逼害的变异。

　　[2] **时节代谢**：指自然界春夏秋冬寒来暑往新陈代谢的变异。

　　[3] **㮈落迦**：梵文 Naraka 音译，意谓苦器，地狱。六趣中最恶趣。地狱有三类：一根本地狱，为八大地狱及八寒地狱。二近边地狱，为十六游增地狱也（此依俱舍论，若依智度论则以八寒水、八炎火为近边地狱）。三孤独地狱，在山间、旷野、树下、空中等。

　　[4] **外道**：谓为邪法置真理之外者，佛陀时代主要指外道六师和九十六种外道。

　　[5] **萨迦耶见**：梵文 Sat-kāya-dṛṣṭi 音译，意谓身见，我见。执着五蕴假和合之体，思为有真实之我，起我我所之见也。《大乘广五蕴论》卷1："云何萨迦耶见？谓于五取蕴，随执为我，或为我所；染慧为性。萨谓败坏义。迦耶、谓和合积聚义。即于此中，见一见常，异蕴有我，蕴为我所等。何故复如是说？谓萨者、破常想；迦耶、破一想。无常积集，是中无我及我所故。染慧者：谓烦恼俱。一切见品所依为业。"①

　　[6] **六十二见**：此为古代印度外道所执的六十二种错误见解。但经中有数种异说，如《长阿含经·梵动经》，载有十类六十二见之说，而对外道所执的诸论，大别为本劫本见、末劫末见两种。本劫本见即依过去前际而起分别见，凡有五类十八见，包括常论四种、亦常亦无常论四种、边无边论四种、种种论四种、无因而有论二种；末劫末见即依未来后际而起分别见，凡有五类四十四见，包括有想论十六种、无想论八种、非有想非无想论八种、断灭论七种、现在泥洹论五种，总计十类六十二见。又在《大乘法苑义林章》卷四，亦举出六十二

---

　　① 〔印〕安慧造、（唐）地婆诃罗译《大乘广五蕴论》卷1，CBETA，T31，no.1613，p.852，c23-26。

见，然名称略异，文繁不录。①

六　释三性疑难

若由异门，依他起自性有三自性，云何三自性不成无差别？若由异门成依他起，不即由此成遍计所执及圆成实；若由异门成遍计所执，不即由此成依他起及圆成实；若由异门成圆成实，不即由此成依他起及遍计所执。

复次，云何得知如依他起自性，遍计所执自性显现而非称体？[1] 由名前觉无，称体相违故；由名有众多，多体相违故；由名不决定，杂体相违故。

此中有二颂：

"由名前觉无，多名不决定；成称体多体，杂体相违故。

法无而可得，无染而有净，应知如幻等，亦复似虚空。"

复次，何故如所显现实无所有，而依他起自性非一切一切都无所有？此若无者，圆成实自性亦无所有；此若无者，则一切皆无。若依他起及圆成实自性无有，应成无有染净过失。既现可得杂染清净，是故不应一切皆无。此中有颂：

"若无依他起，圆成实亦无，一切种若无，恒时无染净。"[2]

【释义】

本段就三性义提出异门无别、名不称体，依他都无三难来质疑，论主对此分别作出解答。

（1）异门无别难

从依他起自性异门成立三自性，由此可知三自性即依他起，云何此三自性各有名义差别，不成无差别？

由依他种子熏习生起异门成立依他起，此异门只能成立依他起，不能成立遍计所执、圆成实。

由遍计所缘和遍计所遍计的异门成立遍计所执，此异门只能成立遍计所执，不能由此来成立依他起和圆成实。

由遍计所执毕竟不如实有的异门来成立圆成实，此异门只能成立圆成实，

---

① （唐）窥基撰《大乘法苑义林章》卷4《六十二见章》，CBETA，T45, no. 1861, p. 322, a14。

不能由此异门来成立遍计所执和依他起。

综上所述，三自性虽然以依他起为中心，各自有其成立的异门，故不会混乱无差别。

（2）名不称体难

遍计所执缘名取相，为什么所取之相不合名之体？如从名相之间能所的关系来看，名能诠，相是所诠，能所相符才能缘名取相。而事实上能遍计的虚妄分别，遍计依他起的似义境，遍计自性显现，执依他起的似义境为实有，与原本非实有的体相违，名不称体如何取相？

①由名前觉无，称体相违故

在未立名之前，无有分别的义觉。"依他起由名的势力，才转成遍计所执。"

能遍计的虚妄分别在未有名之前，在依他起的似义境上不会遍计为实有义，可见名和体本来就相违。如果不相违，在名前应有觉。

②由名有众多，多体相违故

在一件事上，有时有多名。如果按名体相称来说，一名一体，多名多体，就种种名起种种遍计，其实依他起的事本身还是一。多体亦不合依他起事实，多体相违故。

③由名不决定，杂体相违故

一名不一定只诠一义，其是不决定的。有的名可以诠释多义，可见这个名是有多体的，故是杂体相违。

由前"由名前觉无，多名不决定；成称体多体，杂体相违故"可以知道虚妄分别的遍计所执和依他起体是不相称的。

又就遍计所执的真实性所起的疑惑有二：一者，法无而可得？应知如幻等。二者，无染而有净？亦复似虚空。

（3）依他都无难

依他起似义法在遍计所执上实无所有，既然实无所有，何故有依他起的似义显现可得呢？

依他起如无则圆成实亦无，依他起为世俗有，圆成实为胜义有。从胜义有的角度讲世俗有不可得，如果把世俗有执为胜义有，那就是遍计执。但是要证得胜义有亦不能离开世俗有。

遍计所执、圆成实都是建立在依他起的上，如无依他起则一切法不能建立。与事实有染净可得相违，故不应一切皆无。

如颂所言："若无依他起，圆成实亦无，一切种若无，恒时无染净。"

【注释】

［1］《藏要》本校注称："藏本此句云：由何得知依他起自性如遍计自性显现，而非即彼自体耶？"

［2］关于本颂，《藏要》本校注称："藏本此三句颂作二句云：依他及圆成，一切若非有。无次第而无之义，摄长行不全也，魏本同。"

第三节　通契经

一　依三性通大乘契经

诸佛世尊于大乘中说方广教[1]，彼教中言："云何应知遍计所执自性？应知异门说无所有[2]。云何应知依他起自性？应知譬如幻、炎、梦、像、光、影、谷响、水月、变化。云何应知圆成实自性？应知宣说四清净法。何等名为四清净法？一者、自性清净，谓真如[3]空[4]、实际[5]、无相[6]、胜义[7]、法界[8]。二者、离垢清净，谓即此离一切障垢。三者、得此道清净，谓一切菩提分法[9]、波罗蜜多[10]等。四者、生此境清净，谓诸大乘妙正法教。由此法教，清净缘故，非遍计所执自性；最净法界等流性故，非依他起自性。如是四法，总摄一切清净法尽。"

此中有二颂：

"幻等说于生，说无计所执。若说四清净，是谓圆成实。

自性与离垢，清净道所缘。一切清净法，皆四相所摄。"

复次，何缘如经所说于依他起自性说幻等喻？于依他起自性为除他虚妄疑故[11]。他复云何于依他起自性有虚妄疑？由他于此有如是疑：云何实无有义而成所行境界？为除此疑说幻事喻。云何无义心心法转？为除此疑说阳炎喻。云何无义有爱非爱受用差别？为除此疑说所梦喻。云何无义净不净业爱非爱果差别而生？为除此疑说影像喻。云何无义种种识转？为除此疑说光影喻。云何无义种种戏论言说而转？为除此疑说谷响喻。云何无义而有实取诸三摩地所行境转？为除此疑说水月喻。云何无义有诸菩萨无颠倒心，为办有情诸利乐事，故思受生？为除此疑说变化喻。

世尊依何密意[12]于《梵问经》[13]中说："如来不得生死，不得涅槃？"于依他起自性中，依遍计所执自性及圆成实自性，生死涅槃无差别密意。何以故？即此依他起自性，由遍计所执分成生死，由圆成实分成涅槃故。

《阿毗达磨大乘经》中薄伽梵说："法有三种：一、杂染分，二、清净分，三、彼二分。"依何密意作如是说？于依他起自性中，遍计所执自性是杂染分，圆成实自性是清净分，即依他起是彼二分；依此密意作如是说。于此义中以何喻显？以金土藏[14]为喻显示。譬如世间金土藏中三法可得：一地界[15]，二土，三金。于地界中土非实有而现可得，金是实有而不可得；火烧炼时，土相不现，金相显现。又此地界，土显现时虚妄显现，金显现时真实显现，是故地界是彼二分。识亦如是，无分别智[16]火未烧时，于此识中所有虚妄遍计所执自性显现，所有真实圆成实自性不显现。此识若为无分别智火所烧时，于此识中所有真实圆成实自性显现，所有虚妄遍计所执自性不显现；是故此虚妄分别识依他起自性有彼二分，如金土藏中所有地界。

世尊有处说一切法常，有处说一切法无常，有处说一切法非常非无常，依何密意作如是说？谓依他起自性，由圆成实性分是常，由遍计所执性分是无常，由彼二分非常非无常；依此密意作如是说。如常无常无二，如是苦，乐，无二；净，不净，无二；空，不空，无二；我，无我，无二；寂静，不寂静，无二；有自性，无自性，无二；生，不生，无二；灭，不灭，无二；本来寂静，非本来寂静，无二；自性涅槃，非自性涅槃，无二；生死，涅槃，无二亦尔。如是等差别，一切诸佛密意语言，由三自性应随决了，如前说常无常等门。此中有多颂：

"如法实不有，如现非一种。非法[17]非非法，故说无二义。

依一分开显，或有或非有。依二分说言，非有非非有。

如显现非有，是故说为无。由如是显现，是故说为有。

自然自体无，自性不坚住[18]。如执取不有，故许无自性。

由无性故成，后后所依止。无生灭本寂，自性般涅槃。"

【释义】

本节用唯识三性学说来贯通一切契经，共分三部分内容：一是依三性通大乘经典；二是依四意趣、四秘密决了一切佛言；三是由三相造大乘法释。第一部分内容，分别以三性来贯通方广教、《梵问经》、《阿毗达磨大乘经》，以及余经典。

1. 通方广教

世尊于大乘方广教中以"无所有"明遍计所执自性，如《般若经》言："色不可得，受想行识不可得，眼不可得，耳鼻舌身意不可得，乃至阿耨多罗三藐三菩提不可得。"以"幻化""阳焰"等譬喻明依他起自性，谓如"幻、炎、梦、像、光影、谷响、水月、变化"八喻。以四种清净明圆成实自性：一者，自性清净，谓真如、空、实际、无相、胜义、法界；二者，离垢清净，谓即此离一切障垢；三者，得此道清净，谓一切菩提分法、波罗蜜多等；四者，生此境清净，谓诸大乘妙正法教。此大乘妙正法教为世尊清净智所缘故，非遍计所执；由最清净法界等流性故，非依他起自性。此中四清净法，一、二谓不变圆成实，三、四谓无颠倒圆成实，一切清净法不出此四相。

如《阿毗达磨大乘经》颂曰："幻等说于生，说无计所执，若说四清净，是谓圆成实。自性与离垢，清净道所缘，一切清净法，皆四相所摄。"

复次，何因缘于依他起自性说幻等八喻？众生于依他起自性有虚幻疑故，世尊说八喻消除之。分别为：（1）无有实义的依他起似义法云何能够成为心心所的所行境界？为除此疑说幻事喻。（2）无有实义的依他起上心心法能够随之而转？为除此疑说阳炎喻。（3）云何于依他起无义上有爱非爱的受用差别可得？为除此疑说梦喻。（4）无有实义的依他起上，云何有净不净业所感的爱非爱果差别而生？为除此疑说影像喻。（5）云何在无义的依他起上，会有种种识转变生起？为除此疑说光影喻。（6）云何在依他起无义中有种种戏论言说而转起？为除此疑说谷响喻。（7）云何能在无义的依他起中，有真实可取的诸三摩地所行境界而转起？为除此疑说水月喻。（8）云何于无义的依他起上有诸菩萨以无颠倒的正心，为成办有情诸利乐的事业，故思于生死中受生呢？为除此疑说变化喻。

2. 通《梵问经》①

世尊以何密意于《梵问经》中说"如来不得生死，不得涅槃"，以依他起自性通二性的密意说"不得生死，不得涅槃"。从依他起自性染净二面的缘起性有生死涅槃，依遍计所执性有生死流转，依圆成实自性有涅槃还灭，然就依他起本身没有什么生死与涅槃可得。

3. 通《阿毗达磨大乘经》

《阿毗达磨大乘经》中，世尊以何意趣把一切法分为杂染分、清净分、彼二

———————————

① 《思益梵天所问经》，CBETA，T15，no. 586。

分？依依他起通于二分的密意作如是说。遍计执自性为杂染分，圆成实自性为清净分，依他起通于遍计执和圆成实故彼二分。如金矿，未冶炼时矿土显现，金不显现。冶炼后金显现，矿土不显现。此中矿土为遍计所执杂染性，金为圆成实清净性，金矿为依他起彼二分。依识似义显现诸法，未证无分别智前，虚妄分别遍计执杂染显现，圆成实不显现。证无分别智，圆成实清净显现，遍计执不显现。依他起似义法有彼杂染清净二分，如同金矿。

4. 通余经

世尊以何密意于余经典中"有处说一切法常""有处说一切法无常""有处说一切法非常非无常"？依依他起自性通二性的意趣说：依他起自性随染为遍计所执诸法无常，随净为圆成实本性真常，就依他起自性非常非无常。

如上意趣，苦、乐、不二；净、不净、不二；空、不空、不二；我、无我、无二；寂静、不寂静、无二；有自性、无自性、无二；生、不生、无二；灭、不灭、无二；本来寂静、非本来寂静、无二；自性涅槃、非自性涅槃、无二；生死、涅槃、无二亦尔。

此中多颂：第一颂解说无二义："如法实不有，如现非一种；非法非非法，故说无二义。"遍计执虚妄故非实有，依他起似义故非无，就胜义谛言非法，就世俗谛言非非法故说无二。

第二颂解说三分："依一分开显，或有或非有；依二分说言，非有非非有。"就依他起染净一分开显，随圆成实清净真实有，随遍计执杂染非有。就依他起通染净二分说，遍计所执非有，圆成实非非有。

第三颂解说有无义："如显现非有，是故说为无。由如是显现，是故说为有。"如遍计所执非义计义非真实有故说为无，如圆成实真实显现故说为有。

第四颂引自《大乘庄严经论》，解说诸法无自性："自然自体无，自性不坚住，如执取不有，故许无自性。"诸法无自性有四个理由：一是自然无，二是自体无，三是自性不坚住，四是执取不有。

自然无约未来说，未来未生之法待众缘而起，非自然存在，非自然生起故自然无。就非自然生起故，说无自性。

自体无有二解：一者，约过去说，过去法体性已灭，不能再生起故自体无。二者、约缘起说，因缘所生法，随各自不同因和缘的变异而有差别，可见因缘所生法无有独立的自体。诸法无有实在自体故，说无自性。

自性不坚住约现在说，现在诸法就时间上说即生即灭，刹那生灭变异故无有坚住的自性。（上三为共教）

执取不有，就遍计所执的角度言，一念分别所执取之法，唯是依他起似义显现，无有实在义故，遍计所执自性不可得。(唯识不共教)

第五颂引自《大乘庄严经论》，根据前面无自性的定义，来成立无生无灭等道理："由无性故成，后后所依止，无生灭本寂，自性般涅槃。"前前为后后所依止，无生故无灭，无灭故本寂，本寂故自性般涅槃。

【注释】

[1] **方广教**：方广，梵文 Vaipulya 意译，方广教为十二分教之一。十二分教是将佛陀的教法，按照其叙述形式与内容分成十二类，分别为长行、重颂、孤起、因缘、本事、本生、未曾有、譬喻、议论、自说、方广、记别。"方广"指佛陀所宣说的广大深奥之教义，谓大乘经之通名。"方"指法性真理，诸法法性真理，是佛陀亲自证得，方正不偏。"广"指文句，佛陀用无量无边的文句，来显示这方正不偏的法性真理。

[2] **无所有**：又称无所得，空之异名。此处指遍计所执自性非义计义，无有实在自性可得。

[3] **真如**：梵文 Tathatā 意译，真者真实之义，如者如常之义，诸法之体性离虚妄而真实，故云真，常住而不变不改，故云如。一般解释诸法的真实性。与空、实际、实相、法界、法性等同义。《成唯识论》卷9："真谓真实，显非虚妄。如谓如常，表无变易。谓此真实，于一切位，常如其性，故曰真如。即是湛然不虚妄义。亦言显此复有多名，谓名法界及实际等，如余论中随义广释。此性即是唯识实性。"①

[4] **空**：梵文 Śūnyatā 意译，因缘和合而生的一切事物，究竟而无实体，叫作"空"。一般指我空，因缘所生的一切事物，随顺因缘生灭，没有一个永恒不变的主宰者；法空，因缘和合而有的事物，随顺因缘存在，非真实有。空空，空亦是就缘起而说空，离缘起无有实在空之自性。

[5] **实际**：真如法性的别名，指诸法最真实的真理。

[6] **无相**：相对有相说无相，指事物的真如实相。相谓诸法相状概念，即一切事物的现象表面。摆脱只局限于事物表面现象的认知，而得到事物真如实相的真实认知谓无相真如。

[7] **胜义**：超越世间世俗之殊胜妙理，称为胜义。

[8] **法界**：梵文 Dharmadhātu 的意译。与法性、实相、真如、实际等同义。

---

① 见护法等菩萨造、玄奘大师译《成唯识论》卷9，CBETA, T31, no. 1585, p. 48, a23-27。

法界之义有多种，一般以二义解释：就事相来说，法者诸法，界者分界，现象界的一切事物，各有其差别不同的相，而且不能混淆，名"事法界"；就理体来说，诸法在外相上虽千差万别，但皆同一性，名"理法界"。

[9] **菩提分法**：梵文 Bodhyaṅga 的音译，意谓觉分、觉支。有总、别二义，总为四念处、四正勤、四如意足、五根、五力、七觉、八正三十七道品之名，别为三十七道品中七觉支之名，即念、择法、精进、善、安、舍、定等七觉支。

[10] **波罗蜜多**：梵文 Pāramitā 新译，意谓度，到彼岸。度生死此岸，到涅槃彼岸之义。共有六种行法，即布施、持戒、忍辱、精进、禅定、智慧。

[11] **虚妄疑故**：《藏要》本校注称："藏本此语作于虚妄疑惑，与无性合。"

[12] **密意**：隐藏之旨意。即指佛特殊的意趣，此有二义：一、对于佛意有所隐藏，没有把真实含义明显地表达出来；二、佛意深奥细密，一般人难以理解。一般常见者多为第一义。

[13] **《梵问经》**：《思益梵天所问经》，编入大正藏为第十五册，第 586 页。总四卷，姚秦·鸠摩罗什译，"思益"是梵天之名。本经内容主要说大乘实义，破小乘之偏执。

[14] **金土藏**：金土宝藏，指藏有金土的金矿。

[15] **地界**：四大中地大的别名，地大以坚实为性，通一切物的坚实部分，故称地界。是为造作一切物质的四元素之一。此中指金土藏所在之金矿。

[16] **无分别智**：远离主观、客观的相对分别而直观空理的智慧。这种智慧是超越心识的相对分别而显，它的作用是直契绝对的真理。此又称为无分别心，这是佛教中认识真如的智慧，因为真如离一切相而不可分别，认识真如的智慧必须与真如之体相应，《摄大乘论释》十二曰："若智与所取不异平等起，是名无分别智。"[①] 是故无分别智，即证得能、所二取皆空，而正体会真如之智。真如离一切相，不可分别，故以分别之心，不能称其体性。无分别智离一切情念分别，故冥符于真如。

[17] **非法**：《藏要》本校注称："藏本此句云如是法非法。结成上二句，魏本同。"

[18] **住**：《碛砂藏》本原作"位"，《藏要》本根据藏文本和《高丽藏》本改。

---

① 〔印〕世亲造、（唐）玄奘译见《摄大乘论释》卷 12《释依慧学差别胜相品 8》，CBETA，T31，no. 1595，p. 243，b15–16。

二　依四意趣、四秘密决了一切佛言

复有四种意趣[1]，四种秘密[2]，一切佛言应随决了。四意趣者：一、平等意趣，谓如说言："我昔曾于彼时彼分，即名胜观正等觉者[3]。"二、别时意趣，谓如说言："若诵多宝如来名者，便于无上正等菩提已得决定。"又如说言："由唯发愿，便得往生极乐世界。"三、别义意趣，谓如说言："若已逢事尔所殑伽河沙[4] 等佛，于大乘法方能解义。"四、补特伽罗[5] 意乐[6] 意趣，谓如为一补特伽罗先赞布施，后还毁訾；如于布施，如是尸罗及一分修，当知亦尔。如是名为四种意趣。四秘密者：一、令入秘密，谓声闻乘中或大乘中，依世俗谛理说有补特伽罗及有诸法自性差别。二、相秘密，谓于是处说诸法相显三自性。三、对治秘密，谓于是处说行对治八万四千。四、转变秘密，谓于是处以其别义，诸言诸字即显别义。如有颂言：

"觉不坚为坚，善住于颠倒，极烦恼所恼，得最上菩提。"[7]

【释义】

复有四种意趣，四种秘密，决了一切佛言。四意趣分别为：（1）平等意趣，谓佛佛道同，无二无别。如佛言："我昔曾于彼时彼分，即名胜观正等觉者。"此中就诸佛法身、悲愿、功德平等意趣作如是说。（2）别时意趣，谓就现在因说别时果。如说言："若诵多宝如来名者，便于无上正等菩提已得决定。"又如说言："由唯发愿，便得往生极乐世界。"又为使众生于佛法有增信故，别时意趣说："一称南无佛，皆共成佛道。"（3）别义意趣，谓别有义理，非依文解义。如说言："若已逢事尔所殑伽河沙等佛，于大乘法方能解义。"此中"义"指第一义谛。（4）补特伽罗意乐意趣，谓随众生喜乐及根机说教。如为一补特伽罗先赞布施功德，后还毁訾布施功德，当无所执行布施；如于布施，如是尸罗及一分修，当知亦尔。先赞后毁，先于欲勾牵，后令入佛智。

四秘密分别为：（1）令入秘密，为使声闻人令入第一义谛，就世俗谛说补特伽罗及诸法自性。（2）相秘密，为使众生悟入诸法真实相故，显示遍计所执自性、依他起自性、圆成实自性。就三自性说明相无性、生无性、胜义无性。（3）对治秘密，为对治八万四千烦恼，说八万四千法门。（4）转变秘密，转变常态思维说法，不按常理说教。如颂言："觉不坚为坚，善住于颠倒，极烦恼所恼，得最上菩提。"

【注释】

［1］**意趣**：内心所欲表示之意向，世亲释言："谓佛世尊、先缘此事，后为他说；是名意趣"意趣就是佛陀说法所要表达的意旨。

［2］**秘密**：谓不明显，隐蔽的，意义深奥不易被人理解的。世亲释言："由此决定、令入圣教，是名秘密。"佛陀为了方便教化众生，权巧说教，权巧非佛真义，真义隐含权巧中，故为秘密。

［3］**胜观正等觉者**：梵文 Vipaśyin 意译，毗婆尸佛，意译胜观、种种观、种种见等。谓过去七佛第一佛。

［4］**殑伽河沙**：殑伽，梵文 Gaṅgā 意译，意谓天堂来，以其原从高处神堂而来，即印度东北之大河恒河。为印度三大河之一、发源于雪山之南部，合大小无数之支流而东南奔流五百里，与蒲拉买普笃罗河共流入印度洋。殑伽河沙即恒河沙。

［5］**补特伽罗**：梵文 Pudgala 音译，意谓数取趣，通常的用法就是指众生，因众生数度往返五趣轮回故。

［6］**意乐**：意得满足而悦乐也，即为就是欢喜，意乐意趣，就是随众生的喜乐，随众生的根机说教，即契机说法。

［7］**"觉不坚为坚，善住于颠倒，极烦恼所恼，得最上菩提"**：以不坚的柔和心调伏坚强的刚强烦恼心，生大禅定，通达一切颠倒法，善巧安住于四颠倒世界中，以六度万行菩萨道精神，难行能行，难忍能忍，这样就能"得最上菩提"。

三　由三相造大乘法释

若有欲造大乘法释，略由三相应造其释：一者由说缘起，二者由说从缘所生法相，三者由说语义。此中说缘起者，如说：

"言熏习所生，诸法此从彼，异熟与转识，更互为缘生。"

复次，彼转识相法，有相，有见，识为自性。又彼以依处为相，遍计所执为相，法性^[1]为相，由此显示三自性相。如说：

"从有相有见，应知彼三相。"

复次，云何应释彼相？谓遍计所执相，于依他起相中实无所有；圆成实相于中实有。由此二种非有及有，非得及得，未见已见真者同时。谓于依他起自性中，无遍计所执故，有圆成实故。于此转时，若得彼即不得此，若得此即不得彼。如说：

"依他所执无，成实于中有。故得及不得，其中二平等。"

说语义者，谓先说初句，后以余句分别显示。或由德处，或由义处。

由德处者，谓说佛功德[2]：最清净觉[3]，不二现行[4]，趣无相法[5]，住于佛住[6]，逮得一切佛平等性[7]，到无障处[8]，不可转法[9]，所行无碍[10]，其所安立不可思议[11]，游于三世平等法性[12]，其身流布一切世界[13]，于一切法智无疑滞[14]，于一切行成就大觉[15]，于诸法智无有疑惑[16]，凡所现身不可分别[17]，一切菩萨等所求智[18]，得佛无二住胜彼岸[19]，不相间杂如来解脱妙智究竟[20]，证无中边佛地平等[21]，极于法界[22]，尽虚空性[23]，穷未来际[24]。最清净觉者，应知此句由所余句分别显示，如是乃成善说法性。

最清净觉者，谓佛世尊最清净觉，应知是佛二十一种功德所摄。谓于所知一向无障转功德，于有无无二相真如最胜清净能入功德，无功用佛事不休息住功德，于法身中所依意乐作业无差别功德，修一切障对治功德，降伏一切外道功德，生在世间不为世法所碍功德，安立正法功德，授记功德，于一切世界示现受用变化身功德，断疑功德，令入种种行功德，当来法生妙智功德，如其胜解示现功德，无量所依调伏有情加行功德，平等法身波罗蜜多成满功德，随其胜解示现差别佛土功德，三种佛身[25]方处无分限功德，穷生死际常现利益安乐一切有情功德，无尽功德等。

复次，由义处者，如说：若诸菩萨成就三十二法，乃名菩萨。谓于一切有情起利益安乐增上意乐[26]故：令入一切智智故，自知我今何假智故[27]，摧伏慢[28]故，坚牢胜意乐故[29]，非假怜愍故，于亲非亲平等心故，永作善友乃至涅槃为后边故，应量而语故，含笑先言故，无限大悲故[30]，于所受事无退弱故[31]，无厌倦意故，闻义无厌故，于自作罪深见过故，于他作罪不瞋而诲故，于一切威仪中恒修治菩提心故[32]，不怖异熟而行施故，不依一切有趣受持戒故，于诸有情无有恚碍而行忍故，为欲摄受一切善法勤精进[33]故，舍无色界修静虑故，方便相应修般若故，由四摄事[34]摄方便[35]故，于持戒破戒善友无二故，以殷重心听闻正法故，以殷重心住阿练若[36]故，于世杂事不爱乐故，于下劣乘曾不欣乐故、于大乘中深见功德故，远离恶友故，亲近善友故，恒修治四梵住[37]故，常游戏五神通[38]故、依趣智[39]故，于住正行不住正行诸有情类不弃舍故，言决定故，重谛实故，大菩提心恒为首故。如是诸句，应知皆是初句差别；谓于一切有情起利益安乐增上意乐。此利益安乐增上意乐句，有十六业差别应知。此中十六业者：一、展转加行业；二、无颠倒业；三、不待他请自然加行业；四、不动坏业；五、无求染业，此有三句差别应知，谓无染系故，于恩非恩无爱恚故，于生生中恒随转故；六、相称语身业，此有二句差别应知；七、于乐于苦于无二中平等业；八、无下劣业；九、无退转业；十、摄方便业；十一、厌恶所治业，此有二句差别应知；十二、无间作意业；十三、胜进行业，此有七句差别应知，谓六波罗蜜多正加行故，及四摄事正加行故；十四、成满加行业，此有六句差别应知，谓亲近善士故，听闻正法故，住阿练若故，离恶寻思故，作意功德故，此复有二句差别应知，助伴功德故，此复有二句差别应知；十五、成满业，此有三句差别应知，谓无量清净故，得大威力故，证得功德故；十六、安立彼业，此有四句差别应知，谓御众功德故，决定无疑教授教诫故，财法摄一故，无杂染心故。如是诸句，应知皆是初句差别。

如说：

"由最初句故，句别德种类；由最初句故，句别义差别。"

【释义】

若欲研习大乘典籍，可以通过缘起相、缘生相、语义相三相来研究。

1. 缘起相

缘起从因上讲，就赖耶缘起明阿赖耶识所知依（明唯识性）。如《阿毗达磨大乘经》颂言："言熏习所生，诸法此从彼，异熟与转识，更互为缘生。"诸法由名言种子现行所生，名言种子由前七转识缘名取义对诸法的分别熏习赖耶所成，如是这般异熟识与前七转识互相转辗为缘是名缘起。

2. 缘生相

从缘所生法相就果上讲，缘生法之相，依他起、遍计执、圆成实所知相（明唯识相，前唯识性与此唯识相合为大乘境）。

赖耶名言种子所生的转识相法（七转识分别的相）有相、见二类，相为似所取的相，即根身器界；见为似能取的见，即七转识。此相见二分皆以虚妄分别为自性，离此无有实体故说谓依他起似义显现。此缘生相法有三种相貌：（1）所依为相，依他种子而起的依他起似义相，是遍计执和圆成实的所依处。（2）遍计所执为相，依他起似义相是遍计所执非义计义的所遍计相。（3）法性为相，通达诸法无实义所显的圆成实真实法性。

颂云："从有相有见，应知彼三相。"相见二分依他名言种子现起故依他起相；由相见二分起分别，执似义显现的相见二分为实有故遍计所执相；了知遍计执实无所有，为依他起似义显现，于中圆成实真实相显现。依他起中遍计所执和圆成实二相，得此不得彼，得彼不得此。见真得彼不得此，非见真得此不得彼。"依他所执无，成实于中有，故得及不得，其中二平等。"

3. 语义相

说语义谓赞叹菩萨大行、如来果德，即为后入所知相等（明大乘行和大乘果）。说语义为唯识家释经的一种方式，即先说初句（总标），后余句分别显示初句的意义。一般分为两类：一者，依佛陀的果德而说，谓二十一句显示佛陀最清净觉（见表5）。二者，依菩萨利益众生行门而说，谓菩萨三十二法十六行门显示菩萨于一切有情起利益安乐增上意乐（见表6）。

表5　佛陀果德——最清净觉

初句		二十一别句	二十一功德
最清净觉	1	不二现行	于所知一向无障碍功德
	2	趣无相法	于有无二无相真如最胜清净能入功德
	3	住于佛住	无功用佛事不休息住功德
	4	逮得一切佛平等性	于法身中所依意乐作业无差别功德
	5	到无障处	修一切障对治功德
	6	不可转法	降服一切外道功德
	7	所行无碍	生在世间不为世法所碍功德
	8	其所安立不可思议	安立正法功德
	9	游于三世平等法性	授记功德
	10	其身流布一切世界	于一切世界示现受用变化身功德
	11	于一切法智无疑滞	断疑功德
	12	于一切行成就大觉	令入种种行功德
	13	于诸法智无有疑惑	当来法生妙智功德
	14	凡所现身不可分别	如其胜解现功德
	15	一切菩萨等所求智	无量所依调伏有情功德
	16	得佛无二住胜彼岸	平等法身波罗蜜多成满功德
	17	不相间杂如来解妙智究竟	随其胜解示现差别佛土功德
	18	证无中边佛地平等	三种佛方处无分限功德
	19	极于法界	穷生死际当现利益安乐一切有情功德
	20	尽虚空性	无尽功德
	21	穷未来际	究竟功德

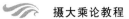

表6　菩萨三十二法十六种业相摄

三十二法		38句		十六种业	
一	1	令入一切智智故		一	展转加行业
二	2	自知我今何假智故		二	无颠倒业
三	3	摧伏慢故		三	不待他请自然加行业
四	4	坚牢胜意乐故		四	不动坏业
五	5	非假怜愍故	无染系故	五	无求染业
	6	于亲非亲等心故	于恩非恩无爱恚故		
	7	永作善友乃至涅槃为后边故	于生生中恒随转故		
六	8	应量而语故		六	相称语身业
	9	含笑先言故			
七	10	无限大悲故		七	于乐于苦于无二中平等业
八	11	于所受事无退弱故		八	无下劣业
九	12	无厌倦意故		九	无退转业
十	13	闻义无厌故		十	摄方便业
十一	14	于自作罪深见过故		十一	厌恶所治业
	15	于他作罪不瞋而诲故			
十二	16	于一切威仪中恒修治菩提心故		十二	无间作意业
十三	17	不悕异熟而行施故		十三	胜进行业
十四	18	不依一切有趣受持戒故			
十五	19	于诸有情无有恚碍而行忍故			
十六	20	为欲摄受一切善法勤精进故			
十七	21	舍无色界修静虑故			
十八	22	方便相应修般若故			
十九	23	由四摄事摄方便故			
二十	24	于持戒破戒善友无二故	亲近善友	十四	成满加行业
二十一	25	以殷重心听闻正法故	听闻正法		
二十二	26	以殷重心住阿练若故	住阿练若		
二十三	27	于世杂事不受乐故	离恶寻思		
二十四	28	于下劣乘曾不欣乐故	作意功德		
	29	于大乘中深见功德故			
二十五	30	远离恶友故	助伴功德		
	31	亲近善友故			
二十六	32	恒修治四梵住故	无量清净	十五	成满业
二十七	33	常游戏五神通故	得大威力		
二十八	34	依趣智故	证得功德		

续表

三十二法		38 句		十六种业	
二十九	35	于住正行不住正行诸 有情类不弃舍故	御众功德		
三十	36	言决定故	决定无疑教授 教诫故	十六	安立彼业
三十一	37	重谛实故	财法摄一故		
三十二	38	大菩提心恒为首故	无杂染心故		

【注释】

[1] **法性**：梵文 Dharmatā 的意译。指诸法的真实体性，亦即宇宙间一切现象所具有真实不变的本性。此又作真如法性，亦为真如的异称。《成唯识论述记》卷9："性者体义，一切法体，故名法性。"①

[2] **功德**：功者福利之功能，此功能为善行之德，故曰德。又，德者得也，修功有所得，故曰功德。《大乘义章》卷9："言功德者，功谓功能，善有资润福利之功，故名为功，此功是其善行家德，名为功德。"②

[3] **最清净觉**：谓佛的觉悟，超越声闻、独觉和菩萨的觉悟，故为最清净觉。《佛地经论》卷2："谓佛世尊普于一切有为、无为所应觉境正开觉故，又于一切所应觉境净妙圆满正开觉故，又于一切如所有性、尽所有性正开觉故，名薄伽梵最清净觉。"③

[4] **不二现行**：佛陀无分别智现前，烦恼所知二障断尽，于所知的一切诸法品类差别，一向无有障碍而转，具备此功德故不二现行。因为不二现行故，名最清净觉。

[5] **趣无相法**：佛陀体证真如，超越圆成实的非无和遍计所执的非有，于有无无二相真如最胜清净功德能够悟入故，所以说趣入无相法真如。趣入无相法故，最清净觉。

[6] **住于佛住**："住"是指内心的境界，有三种住，一为天住，指四禅天而言，在四禅天中，佛住于第四禅天。二为梵住，住于慈、悲、喜、舍四无量心，佛住于悲无量心。三为圣住，前面天住和梵住是通于凡夫的，圣住不共凡夫，谓空、无相、无愿这三种，佛住于空。住于佛住，即住于第四禅天、住于悲无

---

① （唐）窥基大师撰《成唯识论述记》卷9，CBETA, T43, no. 1830, p. 555, b9-10。
② （东晋）慧远法师撰《大乘义章》卷9，CBETA, T44, no. 1851, p. 649, c8-10。
③ 〔印〕亲光造、（唐）玄奘译《佛地经论》卷2，CBETA, T26, no. 1530, p. 296, b6-8。

量心、住于空。佛陀住于此佛住，因此能够无功用的度化众生成就佛道，对于这个事业，从未停止故不休息住功德，故最清净觉。

[7] **逮得一切佛平等性**："逮得"就是获得，获得一切佛平等性，就是与诸佛平等无二。因为佛陀于法身中"所依""意乐""作业"等功德是无差别的。"所依"就是佛陀度化众生所依的无分别根本智；"意乐"就是佛陀同体大悲的大悲心，度化众生的意乐；"作业"就是度化的事业，度化众生行为；这些与诸佛是平等无二的，故最清净觉。

[8] **到无障处**：障——障碍，有障处——生死的境界，到无障处——涅槃的境界。佛陀经三大阿僧祇劫的修行，行对治一切烦恼、所知障功德，成就涅槃无障处，故最清净觉。

[9] **不可转法**：指佛陀的教法和证法，是一切外道不可动摇的，故不可转。佛陀所施设的四念处、四正勤、四如意足，乃至七觉支、八正道等教法，能够成就最清净觉的无分别根本智证法。

[10] **所行无碍**：佛陀常住清净佛土，从大悲心出发，来此娑婆世界度化众生。在娑婆世界行礼乐有情的事业，虽住世间而不为世法所碍，不为利、衰、毁、誉、称、讥、苦、乐八法所动。成就此功德故最清净觉。

[11] **其所安立不可思议**：佛陀所安立的是妙正法教，从其最清净法界等流，成就一切功德，广大无边不可思议。安住此正法功德故，最清净觉。

[12] **游于三世平等法性**：佛陀大智能够游于过去、未来、现在三世一切诸法的差别品类，通达诸法平等无二，故能作授记事，成就授记功德故最清净觉。

[13] **其身流布一切世界**：佛陀成就三种身，即清净法身、受用身、变化身。法身由真如的理体所证显；受用身是酬报因位无量愿行的相好庄严身；变化身是应所化众生之机感而化现的佛身。三身中，法身是佛陀亲证的诸法理体，唯佛自己感知。受用身和变化身，佛陀为教化众生所现，受用身教化法身菩萨，变化身教化凡夫位三乘行人。佛陀为教化众生于一切世界示现受用身、变化身功德，故其身流布一切世界。

[14] **于一切法智无疑滞**：佛陀于世出世间法一切都能了了分明无所疑惑，所以能断一切众生的疑问，成就断疑功德故最清净觉。

[15] **于一切行成就大觉**："行"指众生的心行历程，包括凡夫众生的烦恼染污行，及诸佛清净行，此二种行佛陀都能圆满觉悟明了。因此佛陀能教化众生，令一切众生入种种清净行，成就此功德故最清净觉。

[16] **于诸法智无有疑惑**：佛陀于诸法智无有疑惑，所以能够观察诸众生，

将来当成就如何因缘。因众生微少分善因缘故，当来能产生善法，佛陀具此妙智，故最清净觉。

[17] **凡所现身不可分别**：因为佛陀随顺众生意愿，随其胜解示现无量身教化众生。虽示现无量，但是不离清净法身，故无有分别。佛陀成就此功德，故最清净觉。

[18] **一切菩萨等所求智**：佛陀的智能能够调伏一切有情的烦恼，佛陀用种种加行引导众生，入无量解脱门。

[19] **得佛无二住胜彼岸**："无二"就是平等，就是平等法身，"胜彼岸"就波罗蜜多成满。

[20] **不相间杂如来解脱妙智究竟**：佛陀从其解脱妙智，随顺众生意愿，示现差别佛土，但是不相间杂。如十地菩萨所见地地不同，对于佛智所言，皆是无二无别。

[21] **证无中边佛地平等**：佛陀三种佛身，自性身、受用身、变化身，不是处于一定的方所，而是无分限地遍布一切，故证无中边佛地平等。

[22] **极于法界**：法界就是佛陀的妙正法教，如来妙正法教，穷生死际常现利益安乐一切有情，故极于法界，直到一切众生皆入涅槃。

[23] **尽虚空性**：即尽虚空界，虚空无量无边，佛陀智慧如同虚空，无量无边，故说无尽功德。

[24] **穷未来际**：未来无际故，功德无际，故说究竟功德。

[25] **三种佛身**：即法身、报身、应身三种佛身。身者聚集之义，聚集诸法而成身，故理法之聚集称为法身，智法之聚集称为报身，功德法之聚集称为应身。

[26] **于一切有情起利益安乐增上意乐**：意乐谓意愿，菩萨于一切有情生起不顾自身，以成就有情利益安乐的强大意愿力。

[27] **自知我今何假智故**：菩萨无颠倒业。菩萨时时从无我相、人相、众生相、寿者相出发，行一切利益众生事业。于利生事中时时反省自己有什么地方还是虚伪的、不真实的。

[28] **慢**：梵文 Māna 的意译，唯识心所法中六根本烦恼法之一，谓傲慢自负。《俱舍论》把慢区分为七慢或九慢，唯识承七慢之说：七慢是：一、慢，对于不如我的，我轻慢他，这叫"于劣计己胜"；对于和我相等的，我轻慢他，这叫作"于等计己等"。二、过慢，对方和我相等的，我以为胜过他，这叫作"于等计己胜"。三、过过慢，对方胜过我的，我不承认，反说我胜他甚多，这叫

作"于胜计己胜"。四、我慢,执着于五蕴和合的身心,为我与我所,因而骄傲自大,叫作我慢。五、增上慢,修行者"未得言得,未证言证",这叫作增上慢。六、卑劣慢,自甘卑劣的人,对于胜过他的人,以为:"胜过我又该如何?"别人学佛修道,他以为:"我不信佛,还不是照样过日子?"此为自甘卑劣之慢。七、邪慢,于慢上起邪见,自己无德,反说:"佛菩萨也不过如此。"甚至于不信因果,毁谤三宝,这叫邪慢。

[29] **坚牢胜意乐故**:菩萨不动坏业,谓菩萨对于利益安乐众生的意乐,是不会退失的,所以不动坏,永不退失菩提心 。如经文云:假使有热铁轮,在头顶上转,也不会退失菩提心。故其利益安乐众生的意乐是,坚牢的胜意乐。

[30] **无限大悲故**:菩萨成就于乐、于苦、无二中平等业。于乐是乐受,于苦是苦受,无二是不苦不乐的舍受,菩萨无限大悲故,于众生苦乐舍受都能平等对待,平等护持。在众生受苦时是苦苦;受乐是坏苦,因为那是无常,有失去欢乐的痛苦;不苦不乐是行苦,虽然是不苦不乐,但世间法是迁流变化的,一切都是无常的,所以也是苦。菩萨都能慈悲摄受他们。

[31] **于所受事无退弱故**:菩萨成就无下劣业。众生虽难调难伏,刚强难化,但菩萨有大勇气,承担起教化众生的事业,对自己所负的责任,从不退却,从不转弱。于所受事无退弱故,无下劣业。

[32] **一切威仪中恒修菩提心故**:菩萨无间作意业。威仪谓行、住、坐、卧应有的威德和仪则。菩萨于行、住、坐、卧一切威仪中,都能恒常修治菩提心,无有间断永不退失故。

[33] **摄受一切善法勤精进故**:菩萨精进行业。菩萨不会做无益的苦行,其为了积集无量无边的善法功德而去精进地修学。

[34] **四摄事**:梵文 Catuhsaṃgrahavastu 的意译,又称为四摄法或四摄,是菩萨摄受众生,令其生起亲爱心而引入佛道,以至开悟之四种方法。分别为:一、布施摄。谓若有众生乐财则布施财,若乐法则布施法,使因是生亲爱之心,依我受道也。二、爱语摄。谓随众生根性而善言慰喻,使因是生亲爱之心,依附我受道也。三、利行摄。谓起身口意善行利益众生,使由此生亲爱之心而受道也。四、同事摄。谓以法眼见众生根性,随其所乐而分形示现,使同其所作沾利益,由是受道也。

[35] **方便**:梵文 Upāya 的意译,另译为善权、变谋。全称为方便善巧、方便胜智。指为了引导和教化众生而采用的手段、方法或语言等灵活方法。

[36] **阿练若**:梵文 Āriṇya 的音译,意谓寂静处,寺院之总名,是比丘之住

处。又作阿兰那、阿兰攘、阿兰若迦等。

[37] **四梵住：**即慈、悲、喜、舍四无量心，修此四者，能感梵天乐果，大梵亦常住于此四者中，故名四梵住。

[38] **五神通：**又称为五通，五神变。不思议为神。自在为通。不思议自在之用有五种：一是天眼通，谓色界四大所造之清净眼根，色界及欲界六道中之诸物，或近，或远，或粗，或细，无一不照者。二是天耳通，为色界四大所造之清净耳根，能闻一切之声者。三是他心通，得知一切他人之心者。四是宿命通，得知自心之宿世事者。五是如意通，又曰神境通，神足通。飞行自在，石壁无碍，又得行化石为金，变火为水等之奇变者。见《大智度论》卷五。

[39] **依趣智：**菩萨内心常与第一义谛相应，直至趣入无相法，证得无相真如，成满无上菩提。

小结

本章提出依他起相、遍计所执相、圆成实相三相为所知相体。依他起相说明了诸法即以赖耶为因性，虚妄分别所摄似义显现诸识，离识无有别体。遍计所执相，是遍计对依他起似义显现诸法相执为实有。圆成实相，是于依他起似义显现诸法相上，明了唯识无有实在自性可得，离一切分别不起自性执的境界。三相是以依他起为中心的唯识理论架构，其主要说明依他起似义诸法唯识无义宗旨。

在成立唯识上，首先，以十一识摄十八界诸法说明诸法唯识无义。其次，就"唯识无义"通过譬喻说明和教理说明加以辨明。再次，通过安立三相、引一意识说、约本识因果、成就四智等四方面来论证。此中唯识无义、相见差别、种种行相三相体系，除了说明诸法唯识性外，也展现了在认识上诸法显现的过程。本识因果部分说明相见二识不离赖耶种子因性，蕴含本论一能变的唯识思想。

在三相名义的解释上，本章就名体、关系、品类等几方面来说明。特别就三相关系提出，三相为依他起相异门别立，建立了以依他起为中心的三相染净缘起理论。并以此来通大乘契经，可谓摄论三相学说的特色。

思考题

1. 何谓十一识，请依十一识略述唯识无义？

2. 何谓三相染净缘起观？请简要论述。

3. 佛说法有何意趣与秘密？

4. 由三相造大乘法释，此中三相谓什么？

第四章　入所知相分第四

【本章导读】

入，悟入；所知相，遍计所执相、依他起相、圆成实相。入所知相分，《藏要》本校注称："以下藏本第三卷，不分品，魏本同，陈本作应知入胜相第三，隋本作入应知胜相胜语第三。"

本章就如何于依他起的幻有上，了知遍计所执的毕竟空和圆成实真实，通达诸法唯识无义平等法性。对此唯识观的悟入进行阐述。通过悟入的观体、悟入者的资格、悟入的次第、悟入的义利等来说明。全章分两部分，第一部分长行文说明，第二部分颂文总结。

第一节 长行 十门辨悟入

一 能入观体

如是已说所知相，入所知相云何应见？多闻熏习所依，非阿赖耶识所摄，如阿赖耶识成种子[1]；如理作意所摄似法似义而生似所取事有见意言[2]。

【释义】

已说所知相依他起等三相，应如何悟入此所知相？以多闻熏习所成出世正见为所依，如理作意所摄清净观慧为能观体，悟入依他起等所知相。

【注释】

[1] 种子：如阿赖耶识是一切杂染法种子，多闻熏习是出世清净法种子。

[2] 有见意言：有第六意识相、见二分分别所成的意言，此中指符合佛法正见的如理思维清净观慧。

二 谁能悟入

此中谁能悟入所应知相？大乘多闻熏习相续，已得逢事[1] 无量诸佛出现于世，已得一向决定胜解[2]，已善积集诸善根故，善备福智资粮菩萨。

【释义】

此中具备何条件者能悟入所知相？具备四力者能悟入所知相：一是因力。具有大乘种姓。曾于大乘教法多闻熏习，熏成清净种子于赖耶相续，闻熏习所成清净种子是悟入唯识观主因。二是善友力。亲近善知识，已得逢事无量诸佛出现于世。三是作意力。对大乘法要如理作意，决定胜解，生起坚固的信念，永不退失菩提心。四是任持力。任持大乘法义，法随法行，担当利益安乐有情事。即修习六度，善积集诸善根者。

【注释】

[1] **逢事**：指于诸佛供养、礼拜、赞叹、出家、修学等事。

[2] **决定胜解**：于所决定事，绝对明白印可，不再会有不同认识的改变。《成唯识论》卷5："云何胜解？于决定境印持为性，不可引转为业。"①

三 何处悟入

何处能入？谓即于彼有见似法似义意言，大乘法相等所生起；胜解行地[1]，见道，修道，究竟道中，于一切法唯有识性，随闻胜解故，如理通达故，治一切障故，离一切障故。

【释义】

从何处悟入所知相？1. 从所观境处悟入。听闻大乘法要，多闻熏习，依闻熏习而生起的第六意识似法似义意言相，就是如理作意的所缘境，也是悟入唯识性的所观处。2. 从所经历的位次中渐渐悟入。就修唯识观，从所证的深浅分为胜解行地、见道、修道、究竟道四位次。多闻熏习生起大乘法相，依次大乘法相如理作意，随解起观，经历胜解行地等四位次渐渐悟入唯识性。

于胜解行地，对诸法唯识无义，随闻胜解，随解起观。见道位如理通达诸法唯识无义，现证一切法唯有识性。修道位依所证之理，修对治一切障的胜道，对治一切烦恼所知障。于究竟道位对治了一切障，离一切障究竟清净，证得无上菩提。

【注释】

[1] **胜解行地**：谓菩萨未证法性，依胜解修行之位次为胜解行地。菩萨见道前，资粮位依诸胜解修六度善培福德智慧资粮成就大乘顺解脱分，加行位依唯识胜解成就四种顺抉择分悟入唯识无义的修行位次。

四 由何悟入

由何能入？由善根力所住持故，谓三种相练磨心故，断四处故，缘法

---

① 〔印〕护法等造、（唐）玄奘译《成唯识论》卷5，CBETA，T31，no. 1585，p. 28，b10-11。

义境止观恒常殷重加行无放逸故。

无量诸世界，无量人有情，刹那刹那证觉无上正等菩提，是为第一练磨其心。由此意乐，能行施等波罗蜜多；我已获得如是意乐，我由此故少用功力修习施等波罗蜜多，当得圆满，是为第二练磨其心。若有成就诸有障善，于命终时即便可爱一切自体圆满而生；我有妙善无障碍善，云何尔时不当获得一切圆满，是名第三练磨其心。

此中有颂：

"人趣诸有情，处数皆无量，念念证等觉，故不应退屈。

诸净心意乐，能修行施等，此胜者已得，故能修施等。

善者于死时，得随乐自满，胜善由永断，圆满云何无？"

由离声闻独觉作意，断作意故；由于大乘诸疑离疑，以能永断异慧疑故；由离所闻所思法中我我所执，断法执故；由于现前现住安立一切相中无所作意无所分别，断分别故。

此中有颂：

"现前自然住，安立一切相，智者不分别，得最上菩提。"

【释义】

由何方便悟入所知相？由三种方便悟入：第一，由因力、善友力、作意力所积集的福德智慧资粮善根力，由此善根力所任持悟入唯识性。第二，三磨炼心，通过三种方法磨炼自己的心性，令自己于唯识观修习不退转。第三，断四处，断灭四种过失，令自己无有违背菩提心的过失。

此中第一方便，四力悟入唯识，如前所说。第二方便，三磨炼心。

第一磨炼心，谓胜解行地菩萨，听闻大乘甚深法义，难以证得，生起退却的心理。思维过去无量诸世界，无量人有情，刹那刹那证觉无上正等菩提。以此来勉励自己，加固道念信心。

颂言："人趣诸有情，处数皆无量，念念证等觉，故不应退屈。"

第二磨炼心，谓大乘行者，听闻大乘教法，明了修习六度的功德，发心修习菩萨道。而在实践的过程中，由于菩萨道艰难，而生起退却的心理。思维修习六度当生起清净意乐，乃成就无量清净功德。现在此清净意乐已经生起，只需少许用功修习六度，定能获得圆满六波罗蜜多。

颂言："诸净心意乐，能修行施等，此胜者已得，故能修施等。"

第三磨炼心，谓行者听说圆满菩提，当远离诸障，不易证得，而生起退却的心理。思维世间凡夫修习有漏的十善业道,于命终便得可爱的一切自体圆满,生于善处。如今我修习出世无漏妙善无障碍善,到时一定能够获得圆满的果报。

颂言:"善者于死时,得随乐自满,胜善由永断,圆满云何无?"

第三方便,谓断四处疑。一是断声闻作意,离声闻独觉只求自己解脱的作意,生起菩提心。二是永断异慧疑,离对大乘法不如理的见解,生起如理胜解。三是断法执:离于所闻所思法中生起我我所执,从平等法性如理作意。四是断分别,从两个层面说:一者,现前现住(定前),对于现前现住的所缘境,无有实在义,是依他起的幻有,故在幻有的所缘境上要"无所作意无所分别"。二者,安立一切相(定中),于三摩地行相,亦知为依他起幻现,离识无有实义,唯假名安立一切相。故而于此安立一切相"无所作意无所分别。"

颂云:"现前自然住,安立一切相。智者不分别,得最上菩提。"

五 云何悟入

由何云何而得悟入?

由闻熏习种类如理作意所摄似法似义有见意言[1];由四寻思[2],谓由名、义、自性、差别假立寻思;及由四种如实遍智[3],谓由名、事、自性、差别假立如实遍智,如是皆同不可得故。以诸菩萨如是如实为入唯识勤修加行,即于似文似义意言,推求文[4]名[5]唯是意言,推求依此文名之义亦唯意言,推求名义自性、差别唯是假立。若时证得唯有意言,尔时证知若名,若义,自性,差别皆是假立,自性差别义相无故,同不可得。由四寻思及由四种如实遍智,于此似文似义意言,便能悟入唯有识性。

【释义】

1. 由何观慧悟入?

由闻熏习所生,如理作意所摄,第六意识似法似义有见意言——闻思所成慧悟入。首先通过四寻思观,就名、义、自性、差别四个方面对诸法进行推求观察。了知诸法名义离分别无有实义,自性、差别唯是假立。其次,以四种如实智观,智表示决定无疑,胜解。对前名、义唯是分别,自性、差别唯是假立,四种观察生起决定的胜解,通达唯识无义的道理。

2. 如何观察?

诸法名义是诸法存在的说明,名为能诠,义为所诠。诸法名义实不离内心分别，离分别名义不可得，故诸法离虚妄分别无有实体——唯识无义。自性谓诸法自体，差别谓诸法差别，相待自体安立差别义。诸法无有实在自体可得，唯是假名安立。自体假立故，相待于自体之差别亦是假立，无有实在。

以第六意识似法似义意言推求名义唯是意言相，谓名、义寻思，推求名义自性、差别唯是假立，谓自性、差别假立寻思。由四寻思、四如实智，于此似法似义意言，便能悟入唯识性。

【注释】

[1] **似法似义有见意言**：谓如理作意法义，生起如同法义之似法似义境相，此境相为能分别见分所取之意言相分故。

[2] **四寻思**：寻思即为寻伺，义谓寻思伺察，指通过对诸法名、义、自性、差别四方面进行寻思观察，了知其假有实无。是唯识观加行位之暖位和顶位所修之现观。

[3] **四种如实遍智**：谓由四寻思观，了知诸法名、义、自性、差别唯是无义之道理，进而对此唯识道理如实印可确定，故称四种如实遍智。加行位之忍位和世第一位所修现观。

[4] **文**：即文身，属不相应行法之一，文为文字，身为聚集义，指组成名和句的文字。

[5] **名**：即名身，属不相应行法之一，名为名词，身为聚集义，指以事物自性为基础，假施设之语言名词。

六 悟入什么

于此悟入唯识性中，何所悟入？如何悟入？入唯识性，相见二性，及种种性：若名，若义，自性，差别假，自性差别义，如是六种义皆无故；所取能取性现前故；一时现似种种相义而生起故。如暗中绳显现似蛇，譬如绳上蛇非真实，以无有故。若已了知彼义无者，蛇觉虽灭，绳觉犹在。若以微细品类分析，此又虚妄，色香味触为其相故，此觉为依绳觉当灭。如是于彼似文似义六相意言，伏除非实六相义时，唯识性觉犹如蛇觉亦当除遣，由圆成实自性觉故。

如是菩萨悟入意言似义相故悟入遍计所执性，悟入唯识故悟入依他起性，云何悟入圆成实性？若已灭除意言闻法熏习种类唯识之想，尔时菩萨已遣义想，一切似义无容得生，故似唯识亦不得生；由是因缘，住一切义无分别名，于法界中便得现见相应而住。尔时，菩萨平等平等所缘能缘无分别智已得生起，由此菩萨名已悟入圆成实性。

此中有颂：

"法补特伽罗，法义略广性。不净净究竟，名所行差别。"

如是菩萨悟入唯识性故，悟入所知相；悟入此故，入极喜地，善达法界，生如来家[1]，得一切有情平等心性，得一切菩萨平等心性，得一切佛平等心性，此即名为菩萨见道。

【释义】

1. 悟入唯识性，何所悟入？（悟入境界）

悟入三种境界，分别为入唯识性、相见二性、种种性。入唯识性者，悟入诸法名、名自性、名差别、义、义自性、义差别六种义皆为内心分别的假有，无有实在义（名义自性差别唯识无义）。相见二性者，名义自性差别无有实在义，只是内心分别。由相见二性而分别，离相见二性，分别亦不可得。种种性者，相见二性起分别，当下现起种种似义相，此似义相离心别无所有。

2. 如何悟入？（譬喻说明）

举绳蛇喻说明，此中蛇觉——遍计所执六相义——六义非实；绳觉——依他起幻有——唯色等相，离分别无所有。绳觉如蛇觉非实——圆成实自性真实相——诸法平等性。

如是悟入三性：一者，以名义自性差别推求观察诸法悟入意言似义相——悟入遍计所执性；二者，意言似义相离相见分别不可得，相见二分亦是分别心显现，非离心别有——悟入依他起性；三者，遣除闻熏习种类似法似义意言，所观意言（似义相）不可得故能观识亦不可得，住一切义无分别名，无分别智现前，与平等法界相应——悟入圆成实性。

悟入三性，便于理解诸法假安立之十种名（就诸法所行境界差别安立）："法，补特伽罗，法，义，略，广，性，不净，净，究竟，名所行差别。"此中，法谓蕴处界一切法；补特伽罗谓有情众生自体；法谓佛陀教法；义谓教法所诠之义理；略谓总名；广谓别名；性谓能生之根本，字母；不净谓烦恼所染污的凡夫（约人）及烦恼等染法（约法）；净谓断烦恼之圣人（约人）及清净的善法（约法）；究竟为诸法实相。

悟入的次第：悟入遍计所执无，依他起有——遍计所执义不可得，依他起识不可得（悟入唯识性）——悟入所知相诸法平等性（入极喜地）得一切有情平等心性（众生界）；得一切菩萨平等心性（菩萨界）；得一切佛平等心性（如来界）。

【注释】

[1] **生如来家**：真如法界为如来家，通达真如法性，证如来法身，使如来种性不断故，称生如来家。《摄大乘论无性释》卷6："生如来家者，谓佛法界名如来家，于此证会故名为生。于此所缘胜智生故，转先所依生余依故，绍继佛种令不断绝。如余续生余众同分，所生能生相续不断。托所生家如是般若波罗蜜多，证佛法界，名于中生，名真佛子。"①

七 悟入义利

复次，为何义故入唯识性？由缘总法出世止观智故，由此后得种种相识智故。为断及相阿赖耶识诸相种子[1]，为长能触法身种子[2]，为转所依，为欲证得一切佛法[3]，为欲证得一切智智入唯识性。又后得智于一切阿赖耶识所生一切了别相中，见如幻等性无倒转，是故菩萨譬如幻师，于所幻事，于诸相中及说因果，常无颠倒。

【释义】

复次，为何义利故悟入唯识性？此中义者，谓悟入唯识性的意义；利者谓悟入唯识性的功德。由根本后得二智成就五种功德，为悟入的义利。

根本智谓缘总法出世止观智，总法即诸法总相，亦即诸法平等法性真如。止观双运思维一切法义，通达诸法真实相的清净无分别智。后得智谓得种种相识智，即通达无量无边种种法相的智能，通达一切法相都是唯识所现的智能。后得智以无分别智为所依所成就，能够分别诸法法相的智慧。后得智虽有分别，但是依清净无分别智，已经通达诸法种种法相，因此不会迷惑颠倒。

根本后得二智所成就五种功德：一者，转舍赖耶，为断及相阿赖耶识诸相种子。二者，转得清净，为增长清净法身种子。三者，为转所依，为转变杂染所依而悟入。四者，为欲证得一切佛法，证得一切佛法功德。如十力、四无所畏、十八不共法及无量无边三昧等。五者，为欲证得一切智智，成就无上菩提。前无分别根本智断惑证真，后后得智通达诸法如幻如化。故菩萨于一切相及所

---

① 〔印〕无性造、（唐）玄奘译《摄大乘论无性释》卷6，CBETA，T31，no.1598，p.416，b4-8。

说因果，无有颠倒。

【注释】

[1] **阿赖耶识诸相种子：** 即阿赖耶识杂染诸法种子。

[2] **法身种子：** 由大乘所闻熏习，如理作意所成清净法身种子。此中指转舍杂染所依赖耶，转得法身清净。

[3] **证得一切佛法：** 谓证得十力、四无畏等一切佛法功德，此为大乘不共功德。

八　悟入依止

于此悟入唯识性时，有四种三摩地，是四种顺决择分依止。云何应知？应知由四寻思，于下品无义忍中，有明得三摩地，是暖顺决择分依止。于上品无义忍中，有明增三摩地，是顶顺决择分依止。复由四种如实遍智，已入唯识，于无义中已得决定，有入真义一分三摩地，是谛顺忍依止。从此无间伏唯识想，有无间三摩地，是世第一法依止。应知如是诸三摩地，是现观边。

【释义】

于四加行悟入唯识性时，有四种三摩地，是四种顺抉择分的依止。

四加行位时，还未悟入唯识性，随顺根本智的世间智抉择诸法，称顺抉择分。其虽是世间智，但依于禅定为定中智慧，分别为暖、顶、忍、世第一四种顺抉择分。

1. 就四寻思观说明

以四寻思观察名义自性差别无自性，分两个次第：首先，下品无义忍阶段明得三摩地为暖顺抉择分所依止。此中对诸法名义自性差别唯是意识意言相，离此无实义可得能够印可。于此最初获得明白诸法名义无义的智慧，故谓明得三摩地。其次，上品无义忍阶段明增三摩地是顶顺抉择分的所依止。此中增强对诸法名义无义的印可，故谓明增三摩地。

2. 就四如实智说明

首先，由四如实智契入唯识性，对名义自性差别等意言相唯识无义的道理，已经获得决定胜解。此中入真义一分三摩地是谛顺忍顺抉择分所依止，于此只明了所取境唯识无义，遣除遍计所执性，于能取识还未遣除故说入真义一分。

其次，四如实智契入唯识性，获谛顺忍抉择分，从此无有间隔刹那进入世第一，伏灭唯识想。此中无间三摩地为世第一顺抉择分所依止。

明得、明增、入真义一分、无间诸三摩地是现观真如的边际，从此四加行进而即为见道。

九　云何修道

如是菩萨已入于地，已得见道，已入唯识，于修道中云何修行？于如所说安立十地，摄一切经皆现前中，由缘总法出世后得止观智故，经于无量百千俱胝那庾多劫数修习故，而得转依。为欲证得三种佛身，精勤修行。

【释义】

菩萨悟入唯识性，见道登入初地，于修道位如何修道？

于修道中安立十地法门，总摄一切经所立一切法门，以此法门为所缘境，以缘总法出世后得止观智为能缘智，缘虑十地法门，无量百千俱胝那庾多劫数修习故，获得清净转依证三种佛身。

十　现观差别

声闻现观，菩萨现观，有何差别？谓菩萨现观与声闻异，由十一种差别应知：一、由所缘差别，以大乘法为所缘故。二、由资持差别，以大福智二种资粮为资持故。三、由通达差别，以能通达补特伽罗法无我故。四、由涅槃差别，摄受无住大涅槃故。五、由地差别，依于十地而出离故。六、七、由清净差别，断烦恼习，净佛土故。八、由于自他得平等心差别，成熟有情加行无休息故。九、由生差别，生如来家故。十、由受生差别，常于诸佛大集会中摄受生故。十一、由果差别，十力，无畏，不共佛法无量功德果成满故。

【释义】

声闻现观与菩萨现观有何差别？由十一种差别显示。

（1）由所缘差别，以大乘法为所缘故。

菩萨现观以大悲心出发，利益安乐一切有情为增上意乐，于无量诸佛学习大乘法义为所缘。声闻现观以出离心出发，寻求自我解脱为增上意乐，于小乘法义为所缘。另大乘法义亦包含小乘法义，有广略差别可得。

（2）由资持差别，以大福智二种为资粮为资持故。

菩萨由四力培福智二资粮，任持菩提心不退失。声闻由无常观厌生死，欣涅槃，增强出离心。

（3）由通达差别，以能通达补特伽罗法无我故。

菩萨通达人、法二无我；声闻通达人无我。

（4）由涅槃差别，以摄受无住大涅槃故。

菩萨以大悲心，摄受一切众生不住涅槃，不执生死。声闻先有余涅槃、次无余涅槃、安住不生不灭涅槃境界。

（5）由地差别，依于十地而出离故。

菩萨依于十地，修习对治道，出离一切障。声闻依止四向四果，出离生死。

第6和第7由清净差别，断烦恼习，净佛土故。

（6）断烦恼的差别，菩萨断尽爱、见烦恼习气；声闻断爱见烦恼，爱见习气不能断尽。

（7）庄严国土上的差别，菩萨尽未来际利益一切有情，发愿清净佛土，集会无量众生。声闻入无余涅槃住无生无灭境界，不度化有情故，无须成就清净佛土。

（8）由于自他得平等心差别，成熟有情加行无休息故。

菩萨自他平等自利利他，利益一切有情永不休息。声闻入无余涅槃，不管他有情生死流转。

（9）由生差别，生如来家故。

菩萨生如来家成真佛子，证佛所证，行佛所行。声闻证我空真如，不能证法空，承担如来教化众生事业故非真佛子。

（10）由受生差别，常于诸佛大集会中摄受生故。

菩萨于时报庄严土受用法性身听闻法义；声闻入无余涅槃住无相境界，不再闻法（无学）。

（11）由果差别，十力，无畏，不共佛法无量功德果成满故。

菩萨圆满佛道，成就佛果无量功德；声闻得三明六通。

第二节　颂文　辨三性之悟入

用偈颂明了唯识现观的次第，本节第一、二两颂为本论自颂，余引他经典。

一　修观次第

此中有二颂：

"名[1] 事[2] 互为客[3]，其性应寻思。于二亦当推，唯量[4] 及唯假[5]。

实智观无义[6]，唯有分别三[7]。彼[8] 无故此[9] 无，是即入三性[10]。"

【释义】

第一颂明四寻思，即四加行暖位和顶位现观。观见名义互为客，能所观待假立无所得，悟入遍计所执性。进而推寻名义自性和差别亦是分别上假安立，离分别无所得，悟入依他起性。第二颂明四如实智，即四加行的忍、世第一两个位次现观。四如实智观诸法本无实义，唯识分别三，彼所分别义无故，此能缘分别亦无所得，悟入诸法圆成实性，谓悟入所知三性。

【注释】

［1］**名**：能诠名言。

［2］**事**：所诠义。

［3］**互为客**：名、义彼此观待而假立，无有实义。即为名寻思、义寻思。

［4］**量**：思量分别。

［5］**假**：假名安立，自性与分别唯是分别上的假名安立，离此无有实义可得。即为自性假立寻思，差别假立寻思。

［6］**无义**：诸法名、义、自性、差别，唯识分别上假安立，离分别无实义，悟入遍计所执自性无。

［7］**分别三**：谓名义分别、自性分别、差别分别。四如实智观诸法本无有实义，唯是名义、自性、差别三种虚妄分别，悟入依他起虚妄有。

［8］**彼**：谓所分别义。

［9］**此**：谓能缘分别，名义分别、自性分别、差别分别。

［10］**三性**：谓所知相，遍计所执性、依他起性、圆成实性。所分别义无所

得故，能缘分别亦不可得，即悟入三性。《摄大乘论世亲释》卷6："观见名事互为客故，即是悟入遍计所执性。观见二种本无有义，唯有分别量，唯有名自性差别假立故，即是悟入依他起性。亦不观见此分别故，即是悟入圆成实性。如是名为悟入三性。"①

二 唯识真观

复有教授二颂，如《分别瑜伽论》说：

"菩萨于定位[1]，观影[2]唯是心。义相[3]既灭除，审观唯自想[4]。
如是住内心，知所取[5]非有。次能取[6]亦无，后触无所得。"

【释义】

引《分别瑜伽论》二颂，明唯识现观。

菩萨于暖、顶顺抉择分所依止定中以四寻思观影像境，唯内心分别，遣除义相，进而于忍顺抉择分所依止定中四如实智观察名义自性差别唯是自想（虚妄分别）对此理胜解，进而于世第一顺抉择分所依止定中如实证取所取义相不可得，能取自想无所有而触及诸法平等性。

【注释】

[1] **定位**：谓四加行位所依之明得、明增、入真义一分、无间四种三摩地。

[2] **影**：谓三摩地所行影像境，此中指似法似义义相。

[3] **义相**：谓虚妄分别所摄的似法似义意言相。

[4] **自想**：谓自己内心的虚妄分别。

[5] **所取**：谓虚妄分别所摄义相，离分别无所得。

[6] **能取**：谓能缘之虚妄分别，所缘分别义相不可得故，能缘分别亦无有真实义可得。

三 悟入次第

复有别五现观伽他，如《大乘经庄严论》说：

"福德智慧二资粮，菩萨善备无边际，于法思量善决已，故了义趣唯

---

① 〔印〕世亲造、（唐）玄奘译《摄大乘论释》卷6，CBETA，T31，no.1597，p.353，b18-22。

言类。

　　若知诸义唯是言，即住似彼唯心理，便能现证真法界，是故二相悉蠲除。

　　体知离心无别物，由此即会心非有，智者了达二皆无，等住二无真法界。

　　慧者无分别智力，周遍平等常顺行，灭依榛梗过失聚，如大良药销众毒。

　　佛说妙法善成立，安慧并根法界中，了知念趣唯分别，勇猛疾归德海岸。"

【释义】

　　引《大乘庄严论》五颂，明修唯识现观五位。

　　1. 资粮位

　　"福德智能二资粮，菩萨善备无边际，于法思量善决已，故了义趣唯言类。"

　　以四力善备福智二资粮，对于所作的利生事业要如理作意善决了，名义自性差别等义趣唯是意言分别。此乃真正善备福智资粮。

　　2. 加行位

　　"若知诸义唯是言，即住似彼唯心理，便出现证真法界，是故二相悉蠲除。"

　　证知名义等唯是意言相，安住于诸法唯识无义，并且生起胜解，证真法界显现，遣除能所二相。

　　3. 见道位

　　"体知离心无别物，由此即会心非有，智者了达二皆无，等住二无真法界。"

　　体证诸法离心分别无有实在义可得，明白所取相不可得，能取的会心亦非实有。智者了达二相非有，安住于平等一真法界。

　　4. 修道位

　　"慧者无分别智力，周遍平等常顺行，灭依榛梗过失聚，如大良药消众毒。"

　　慧者无分别智周遍一切法，契入平等法性，转舍杂染赖耶，转得清净还灭。

　　5. 究竟位

　　"佛说妙法善成立，安慧并根法界中，了知念趣唯分别，勇猛疾归德海岸。"

　　佛陀善巧安立大乘法义，安立无分别慧及清净无垢识，让我们众生了知能念心和所念义趣唯是分别，而勇猛疾速归于无量功德海岸。

小结

本章入所知相，说明悟入遍计所执、依他起、圆成实三相，即悟入唯识性，属大乘唯识行。全文分两部分：第一部分长行文，十门辨悟入；第二部分颂文结说。

十门辨悟入，分别介绍了出世正见所依之清净观慧为悟入唯识性观体；能悟入唯识性者需具备四力，其中以大乘种姓为因力；善知识为善友力；如理思维大乘法义为作意力；善备福智资粮为任持力。具备四力的菩萨，依所闻熏习如理作意生起唯识正见于所观经，渐次经历胜解行地、见道、修道、究竟道位次，通达唯识性，证得无上菩提。悟入唯识之方便有三种：一者，具足四力；二者，通过三种磨炼心磨炼心性，于唯识观修不退转；三者，于修观中断声闻作意、邪慧、法执、分别等四种过失。悟入唯识性方法，则由四寻思观、四如实智推求似法似义意言、名、义、自性、差别唯识无义而悟入唯识性。修唯识观入唯识性、相见二性、种种性三种境界，悟入遍计所执等三相。悟入唯识性依根本后得二种成就转舍赖耶、转得清净、转所依、证得一切佛法及一切智智诸功德。悟入唯识性之依止为于四加行位成就明得、明增、入真义一分、无间四种三摩地，作为暖、顶、忍、世第一四种顺抉择分悟入。悟入唯识性后，菩萨登初地，于修道位安立十地法门，地地增进，圆满菩提。最后，以所缘等十一中差别，说明声闻现观和菩萨现观的差别。

颂文结说，本论自颂明修唯识观次第外，引《分别瑜伽论》二颂说明唯识观，引《大乘庄严经论》五颂说明修唯识观之次第。

思考题

1. 论述悟入唯识性之三种方便。

2. 依何观法就诸法名义自性差别悟入唯识？

3. 声闻现观与大乘现观有何差别？

第五章　彼入因果分第五

　　本章就悟入唯识性前后两阶段，安立六度法门为彼入因果。通过数、相等十门分别对六度法门进行详尽的阐释。其中特别关于六度修习一门，系统地介绍了修习六度方法及应具的作意，是实践六度法门很好的操作指导。

第一节 总明六度因果

一 总明因果

如是已说入所知相，彼入因果云何可见？谓由施，戒，忍，精进，静虑，般若六种波罗蜜多。云何由六波罗蜜多得入唯识？复云何六波罗蜜多成彼入果？谓此菩萨不着财位[1]，不犯尸罗[2]，于苦无动，于修无懈，于如是等散动因中不现行时心专一境，便能如理简择诸法得入唯识。菩萨依六波罗蜜多入唯识已，证得六种清净增上意乐[3]所摄波罗蜜多。是故于此设离六种波罗蜜多现起加行，由于圣教得胜解[4]故，及由爱重[5]，随喜[6]，欣乐[7]诸作意[8]故，恒常无间相应方便修习六种波罗蜜多速得圆满。

【释义】

前章已说唯识性，悟入彼唯识性之因果为何？谓布施、持戒、忍辱、精进、静虑、般若六度，是菩萨修习唯识观之因果。菩萨在悟入无生法忍之前的贤位为因位六度修习，在悟入无生法忍后圣位为果位六度修习。亦即菩萨于因位修习六度悟入唯识性，于果位修六度成就佛果功德。

菩萨于因位如何由六度悟入唯识？菩萨悟入唯识性，于因位修习正闻熏习所摄六度，对治散动因，成就禅定，如理简择诸法得入唯识。

第一，不着财位故修习布施度；

第二，不犯尸罗故修习持戒度；

第三，于苦无动故修习忍辱度；

第四，于修无懈故修习精进度；

第五，于如是等散动因中不现行时心专一境故修习禅定；

第六，如理简择诸法得入唯识般若波罗蜜现前。

菩萨于果位如何圆满六度功德？菩萨依六度修习悟入唯识性，于果位得清净增上意乐所摄六度，对六度功德得胜解。从而于此六度法门生起爱重、随喜、欣乐作意。成就此作意故，能够恒与六度相应方便修习，远离加行亦能速得圆满六度功德。

【注释】

[1] **财位**：谓财富与名位。

[2] **尸罗**：梵文Śīla的音译，意译清凉，又译戒。身、口、意三业之罪恶，能使行人焚烧热恼，戒能消息其热恼，故名清凉。

[3] **清净增上意乐**：谓依净信，如理简择诸法，于诸佛法胜解得决定印可。

[4] **胜解**：谓心所法五别境之一，胜者殊胜，解者见解，即殊胜的见解。即对所认知的对象、观点、思想等决定无疑。《大乘百法明门论解》卷1："胜解者，于决定境印持为性，不可引转为业。谓邪正等教理证力，于所取境，审决印持，由此异缘不能引转故。"①

[5] **爱重作意**：此中指对六度法门能够成就无量无边无漏清净功德，生起好要恭敬的心。由喜好和恭敬这个法门，从而能够如实地实践这个法门。

[6] **随喜作意**：此中指修六度行者，听闻十方菩萨修习六度而成就无量功德，生起随喜赞叹的心，并且能够向十方菩萨看齐，去精进修习六度法门。

[7] **欣乐作意**：此中指行者听闻十方菩萨修习六度所成就的种种功德，生起欣乐的心，希望自己也能获得，因此精进修习六度。

[8] **作意**：心所名，谓五遍行心所之一，相应于一切心而起，使心惊觉而趣所缘之境之作用。《大乘百法明门论解》卷1："言作意者，谓警觉应起心种为性，引心令趣自境为业。"②

二　清净增上意乐

此中有三颂：

"已圆满白法，及得利疾忍。菩萨于自乘，甚深广大教。

等觉唯分别，得无分别智。希求胜解净，故意乐清净。

前及此法流，皆得见诸佛。了知菩提近，以无难得故。"

由此三颂，总显清净增上意乐有七种相：谓资粮故，堪忍故，所缘故，作意故，自体故，瑞相故，胜利故。如其次第，诸句伽他应知显示。

---

① （唐）窥基大师注解《大乘百法明门论解》卷1，CBETA，T44，no. 1836，p. 48，a14-15。

② （唐）窥基大师注解《大乘百法明门论解》卷，CBETA，T44，no. 1836，p. 48，a2-4。

【释义】

此中三颂说明清净增上意乐七种相：一是资粮相："已圆满白法"，白法谓清净的善法，即福智资粮。二是堪忍相："及得利疾忍"，"利疾"是锐利、迅速的意思，即利根正慧。菩萨明了诸法唯识，堪忍一切境遇，随缘而安。三是所缘相："菩萨于自乘，甚深广大教。"菩萨缘自乘六度甚深广大教，五度广大，般若甚深故。四是作意相："等觉唯分别，得无分别智。"如理作意，修习止观，等觉诸法离分别无有实义，成就无分别智，对治一切执着。五是自体相："希求胜解净，故意乐清净。"希求无上菩提，于无上菩提生起绝对的信心和了解，而生起清净的，有力量的信心。六是瑞相相："前及此法流，皆得见诸佛。"见道前暖、顶、忍、世第一四加行的修习，进入见道、修道、究竟道的圣道法流。于四加行及见道后的定中，皆能得见十方诸佛瑞相。七是胜利相："了知菩提近，以无难得故。"由前相了知菩提相近，无难得。

第二节　十门分别六度

一　数门（设立六度的原因）

何因缘故波罗蜜多唯有六数？成立对治所治障故。证诸佛法所依处故，随顺成熟诸有情故。为欲对治不发趣因，故立施戒波罗蜜多。不发趣因，谓著财位及著室家。为欲对治虽已发趣复退还因，故立忍进波罗蜜多。退还因者，谓处生死有情违犯所生众苦，及于长时善品加行所生疲怠。为欲对治虽已发趣不复退还而失坏因，故立定慧波罗蜜多。失坏因者，谓诸散动及邪恶慧。如是成立对治所治障故，唯立六数。又前四波罗蜜多是不散动因，次一波罗蜜多不散动成就。此不散动为依止故，如实等觉诸法真义，便能证得一切佛法。如是证诸佛法所依处故，唯立六数。由施波罗蜜多故，于诸有情能正摄受；由戒波罗蜜多故，于诸有情能不毁害；由忍波罗蜜多故，虽遭毁害而能忍受；由精进波罗蜜多故，能助经营彼所应作。即由如是摄利因缘，令诸有情于成熟事有所堪任。从此已后，心未定者令其得定，心已定者令得解脱，于开悟时彼得成熟。如是随顺成熟一切有情，唯立六数，应如是知。

【释义】

何因缘故波罗蜜多立六数？以成立对治所治障故，证得佛法所依处故，随顺成熟诸有情故，波罗蜜多立六数。

1. 为对治所治障故立六数

为对治不发趣菩提因故，立施戒波罗蜜多。不发趣菩提的原因谓贪着财位及室家，分别立布施波罗蜜多和持戒波罗蜜多对治。于已发趣菩提心还退还者，立忍进波罗蜜多对治。

退失菩提心的原因谓处生死有情违犯所生众苦，及长时善品加行所生疲怠。分别立忍辱波罗蜜多和立精进波罗蜜多对治。为对治虽已发趣菩提，并不复退还菩提心，而失坏正道，立定慧波罗蜜多对治。失坏正道的原因谓诸散动及邪恶慧，分别立禅定波罗蜜多和般若波罗蜜多对治。于成就无上菩提欲对治此所治障故，唯立六数。

2. 为证诸佛法所依止故立六数

前四度为不散动因，后一禅定度为不散动成就，为般若波罗蜜多生起之依止。依般若波罗蜜多如实觉悟诸法真义，证得一切佛法。如是证诸佛法所依止故，唯立六数。

3. 为随顺成熟诸有情故立六数

由施波罗蜜多故，于诸有情能正摄受；由戒波罗蜜多故，于诸有情能不毁害；由忍波罗蜜多故，虽遭毁害而能忍受；由精进波罗蜜多，能助经营彼所应作（利生事业）；由如是四波罗蜜多故，有情于人生解脱事有所堪忍，对未得定者，立禅定波罗蜜多，令诸有情得禅定；由如是四波罗蜜多故，有情于人生解脱事有所堪忍，对已得定者，立般若波罗蜜多，令诸有情得解脱。随顺成熟一切有情故，唯立六数。

二　相门（六度殊胜相）

此六种相云何可见？由六种最胜故：一、由所依最胜，谓菩提心为所依故。二、由事最胜，谓具足现行故。三、由处最胜，谓一切有情利益安乐事为依处故。四、由方便善巧最胜，谓无分别智所摄受故。五、由回向最胜，谓回向无上正等菩提故。六、由清净最胜，谓烦恼所知二障无障所集起故。

若施是波罗蜜多耶；设波罗蜜多是施耶？有施非波罗蜜多，应作四句。

如于其施，如是于余波罗蜜多，亦作四句，如应当知。

【释义】

六度殊胜相云何可见？由六种最胜明六度殊胜：一是由所依最胜，谓菩提心为所依故。此中以世俗菩提心为因、以胜义菩提心为果。二是由事最胜，谓具足现行故。事谓利益众生的事业，菩萨于此事业行六度具足现行。三是由处最胜，谓一切有情利益安乐事为依处故。处谓处所，指菩萨行六度的目的，菩萨以一切有情利益安乐为目的行六度。四是由方便善巧最胜，谓无分别智所摄受故。方便谓做事的方式，善巧谓做事的智慧，地上菩萨无分别智所摄后得善巧方便行六度。五是由回向最胜，谓回向无上正等菩提故。无上菩提，没有一法可超越故最胜。六是由清净最胜，谓烦恼所知二障无障所集起故。离二障，清净心集起。

如何分别波罗蜜多，如布施，布施是波罗蜜多吗？波罗蜜多是布施吗？当以四句分别：（1）有施非波罗蜜多，非依六种最胜所行布施，非波罗蜜多；（2）是波罗蜜多非施，依六最胜所行持戒、忍辱、精进、禅定、般若等；（3）是施亦是波罗蜜多，依六种最胜所行布施；（4）非施非波罗蜜多，非依六种最胜所行除布施外余等。如施，余波罗蜜多亦可用四句分别。

三　次第门（六度前后次第）

何因缘故如是六种波罗蜜多此次第说？谓前波罗蜜多随顺生后波罗蜜多故。

【释义】

何因缘故如是安排六度次第？以由前生后、由易生难、由浅入深的缘由安排六度次第。谓于财位不贪着，便能守戒。能守戒故，已堪忍诸障发精进。依精进成就禅定，由甚深禅定启般若慧觉诸法真实。

真谛三藏译本提出"依后后而清净前前"[1]的理由。就是前面一度的依后面一度，获得圆满清净。如布施就必须要持戒，有持戒故，布施才能清净。

---

[1]（陈）真谛译《摄大乘论》卷2《入因果胜相品4》："复次前前波罗蜜。由后后波罗蜜所清净故。" CBETA, T31, no. 1593, p. 124, c25–26。

四　训词门（六度释名）

复次，此诸波罗蜜多训释名言，云何可见？于诸世间、声闻、独觉施等善根最为殊胜，能到彼岸，是故通称波罗蜜多。又能破裂悭恪贫穷，及能引得广大财位福德资粮，故名为施；又能息灭恶戒[1]、恶趣，及能取得善趣、等持[2]，故名为戒；又能灭尽忿怒、怨仇，及能善住自他安隐[3]，故名为忍；又能远离所有懈怠、恶不善法，及能出生无量善法令其增长，故名精进；又能消除所有散动，及能引得内心安住，故名静虑；又能除遣一切见趣[4]、诸邪恶慧，及能真实品别知法[5]，故名为慧。

【释义】

1. 总释波罗蜜多

菩萨所行布施等善法，相对诸世间、声闻、独觉所行布施等善法来说，最为殊胜故；菩萨所行布施等善法能够到达无上菩提的彼岸故，是故通称波罗蜜多。

2. 别释六度

能破悭吝（因）、贫穷（果），引得广大财位福德资粮，故名为施。能熄灭恶戒，恶趣，能取得善趣，等持，故名为戒。能灭尽愤怒、怨仇，能善住自他安隐，故名为忍。能远离所有懈怠、恶不善法，出生无量善法令其增长，故名为精进。能消除所有散动，令心专注于境，引得内心安住，故名静虑。能除遣一切见趣、诸邪，真实品别知法，故名为般若。

【注释】

[1] **恶戒**：谓不合解脱正理之不如理戒禁。

[2] **等持**：梵文 Samādhi 的意译，谓定的别名。即心安住于一境而平等维持之义。

[3] **善住自他安稳**：谓忍辱成就三大功德：（1）不与人结怨；（2）能得自己心安稳；（3）能使他人安稳，之后二种功德。

[4] **见趣**：不合正义之错误见解。

[5] **真实品别知法**：指般若慧能证真实品法和真实品别法。（1）真实品法，照见诸法的真实性（根本智）；（2）真实品别法，如理了知诸法实际，而能善分

别诸法品类（后得智）。

五 修习门（六度修习）

云何应知修习如是波罗蜜多？应知此修略有五种：一、现起加行修，二、胜解修，三、作意修，四、方便善巧修，五、成所作事修。此中四修如前已说。成所作事修者，谓诸如来任运佛事无有休息，于其圆满波罗蜜多，复更修习六到彼岸。

又作意修者，谓修六种意乐所摄爱重、随喜、欣乐作意：一、广大意乐，二、长时意乐，三、欢喜意乐，四、荷恩意乐，五、大志意乐，六、纯善意乐。

若诸菩萨，乃至若干无数大劫现证无上正等菩提，经尔所时，一一刹那，假使顿舍一切身命，以殑伽河沙等世界盛满七宝奉施如来，乃至安坐妙菩提座，如是菩萨布施意乐犹无厌足；经尔所时，一一刹那，假使三千大千世界满中炽火，于四威仪常乏一切资生众具，戒，忍，精进，静虑，般若心恒现行，乃至安坐妙菩提座，如是菩萨所有戒，忍，精进，静虑，般若意乐犹无厌足；是名菩萨广大意乐。

又诸菩萨，即于此中无厌意乐，乃至安坐妙菩提座，常无间息，是名菩萨长时意乐。

又诸菩萨以其六种波罗蜜多饶益有情，由此所作深生欢喜，蒙益有情所不能及，是名菩萨欢喜意乐。

又诸菩萨以其六种波罗蜜多饶益有情，见彼于己有大恩德，不见自身于彼有恩，是名菩萨荷恩意乐。

又诸菩萨即以如是六到彼岸所集善根，深心回施一切有情，令得可爱胜果异熟，是名菩萨大志意乐。

又诸菩萨复以如是六到彼岸所集善根，共诸有情回求无上正等菩提，是名菩萨纯善意乐。如是菩萨修此六种意乐所摄爱重作意。

又诸菩萨于余菩萨六种意乐修习相应无量善根，深心随喜，如是菩萨修此六种意乐所摄随喜意乐。

又诸菩萨深心欣乐一切有情六种意乐所摄六种到彼岸修，亦愿自身与此六种到彼岸修恒不相离，乃至安坐妙菩提座，如是菩萨修此六种意乐所摄欣乐作意。若有闻此菩萨六种意乐所摄作意修已，但当能起一念信心，尚当发生无量福聚，诸恶业障亦当消灭，何况菩萨！

【释义】

1. 总明五种修

如是六度如何修习？略说有五种修：（1）现起加行修：在现实生活中以实际行动趣实践六度。（2）胜解修：通过对六度法门的学习和实践而生起的殊胜的信解，按此胜解如是修。（3）作意修：以爱重作意、随喜作意、欣乐作意等如是修。（4）方便善巧修：以无分别根本智为所摄，以最大的方便和善巧来修习六度，也是离一切相修学六度。（5）成所作事修：十方如来以大悲故，任运自在修习六度礼乐一切有情圆满无上菩提。

2. 别明作意修

第一，六种意乐所摄爱重作意：（1）广大意乐：菩萨发菩提心修习六度，经无数大劫现证无上菩提，其中不管经历多少障碍、磨难，菩萨都能精进不懈修习六度无有厌足，是名菩萨修习六度广大作意。（2）长时意乐：菩萨于无数大劫中修习六度无有厌足，无有间断、无有休息的修学六度，是名菩萨长时意乐。（3）欢喜意乐：菩萨修习六度饶益有情，度化有情，对此所作的利生事业，心里深生欢喜，此欢喜超越蒙益有情的欢喜，是名菩萨欢喜意乐。（4）荷恩意乐：菩萨修习六度，利益一切有情，把一切有情看成自己成就道业的大恩人，以感恩之心修习六度，利益一切众生，是名菩萨荷恩意乐。（5）大志意乐：菩萨修习六度，一切功德回向一切有情，愿诸有情能够获得可爱人天殊胜果报异熟，是名大志意乐。（6）纯善意乐：菩萨无厌足、无间断、无休息的修习六度，以此功德共诸有情回向无上正等菩提，是名菩萨纯善意乐。

第二，随喜作意：谓菩萨对余菩萨六种意乐修习相应的无量善根，能够深心随喜赞叹，并且学习以六种意乐所设修习六度，是名菩萨随喜作意。

第三，欣乐作意：谓菩萨对一切有情六种意乐修习六度，深心欢喜，并且自己亦发愿与六度法门恒不相离，无有间断，无有休息修学，是名菩萨欣乐作意。

作意修功德：如有众生听闻菩萨六种意乐修习六度，能生起一念信心，即能发生无量福聚，消灭无量恶业，何况以六种意乐修习六度法门。

六　差别门（六度品类差别）

此诸波罗蜜多差别云何可见？应知一一各有三品。施三品者，一、法施，二、财施，三、无畏施。戒三品者，一、律仪戒，二、摄善法戒，三、饶益有情戒。忍三品者，一、耐怨害忍，二、安受苦忍，三、谛察法忍。精进三品者，一、被甲精进，二、加行精进，三、无怯弱，无退转，无喜足精进。静虑三品者，一、安住静虑，二、引发静虑，三、成所作事静虑。慧三品者，一、无分别加行慧，二、无分别慧，三、无分别后得慧。

【释义】

六度品类差别云何可见？应知一一度各有三品。

施三品者：（1）法施，清净心为人宣说正法，令人获得法乐，增长善根。（2）财施，怀清净心，以资生众具，供养有德的人或布施贫穷的有情，使他不受饥害的痛苦。（3）无畏施，以种种方法解除众生的危难和恐惧，令他内心获得安隐，而免受恐惧。

戒三品者：（1）律仪戒，主要功能是止恶。（2）摄善法戒，主要功能是行善。三、饶益有情戒，不恼害一切有情，利益一切有情。就是诸恶莫作，众善奉行，包含律仪戒和摄善法戒。

忍三品者：（1）耐怨害忍，为忍受心理上的痛苦。耐为内心的忍耐，怨害为外在怨害境界。（2）安受苦忍，为忍受身体上的痛苦。（3）谛察法忍，为前面两种忍的依止处，以智慧审谛观察诸法的真实相，明白诸法唯识无义，契入诸法平等性，对此诸法平等性能够深信忍可。

精进三品者：（1）被甲精进，菩萨善备福智资粮，树立坚定的菩提誓愿，于菩萨道上勇猛精进不息。（2）加行精进，加功用行，精进不懈。（3）无怯弱，无退转，无喜足精进。菩萨利益众生，不因菩提道久远而怯弱，不因众生难化而退转，不因稍许的境界而满足。

静虑三品者：（1）安住静虑，修习禅定成就，内心安住于三摩地的境界中，身心得到轻安。（2）引发静虑，谓在禅定中引发神通等殊胜功德。（3）成所作事静虑，由禅定中引发的神通等来成办种种利益众生的事业，因事在定中所作故名成所作事静虑。

慧三品者：（1）无分别加行慧，谓四种顺抉择分。（2）无分别慧，谓无分别根本智。（3）无分别后得慧，谓无分别后得智。

七　相摄门（六度统摄一切善法）

如是相摄云何可见？由此能摄一切善法，是其相[1] 故，是随顺故，是等流故。

【释义】

六度统摄一切善法，云何可见？六度是一切善法之体相，一切善法随顺般若波罗蜜多，进入无上菩提，证得一切智智。佛果四无所畏、十力、十八不共法、大慈大悲、种种神通等一切善法功德，都是般若波罗蜜多，无分别根本智等流故。

【注释】

[1] 是其相：世亲释认为，一切善法以般若为体相故，统摄一切善法。无性释认为，六度每度分别为体相故，统摄一切善法。

八　所治门（六度对治一切杂染）

如是所治摄诸杂染，云何可见？是此相故，是此因故，是此果故。

【释义】

六度所对治的杂染法摄尽一切杂染法，云何可见？就相、因、果可知，六度所治杂染摄尽一切杂染法。如布施对治悭吝，悭吝是贪的体相，是贫穷的因，贫穷是悭吝的果。如是相、因、果摄尽悭吝所含摄的一切杂染。余从布施度可知。

九　胜利门（六度功德）

如是六种波罗蜜多所得胜利，云何可见？谓诸菩萨流转生死富贵摄故，大生摄故，大朋大属之所摄故，广大事业加行成就之所摄故，无诸恼害性薄尘垢之所摄故，善知一切工论明处[1] 之所摄故。胜生，无罪，乃至安坐妙菩提座，常能现作一切有情一切义利，是名胜利。

【释义】

修习六度,有几种功德利益?

1. 世间功德:修习布施,感得富贵所摄的系列果报。持清净戒,感得大生所摄系列果报。修习忍辱,感得大朋大属所摄殊胜果报。修习精进,感得广大事业加行成就所摄殊胜果报。修习禅定,感得"无诸恼害,性薄尘垢之所摄"的殊胜果报。修习般若,感得"善知一切工论明处之所摄"殊胜果报。

2. 出世间功德:感得出世清净功德,证得无上菩提,安坐妙菩提座,常能现作一切有情一切义利。

【注释】

[1] **一切工论明处**:谓五明,世间的五种学问。分别为:(1)声明,文学和音韵学。(2)工巧明,工艺、技术、算历之学。(3)医方明,医学、药学、咒法之学。(4)因明,论理学。(5)内明,宗教或哲学,按佛教来讲,就是五乘教法,因果妙理之学。

十 抉择门(六度相互抉择)

如是六种波罗蜜多互相决择,云何可见?世尊于此一切六种波罗蜜多,或有处所以施声说,或有处所以戒声说,或有处所以忍声说,或有处所以勤声说,或有处所以定声说,或有处所以慧声说。如是所说有何意趣?谓于一切波罗蜜多修加行中,皆有一切波罗蜜多互相助成,如是意趣。

【释义】

六度相互关联,每一度加行中皆有其他五度互相助成,方能圆满加行,依此意趣说六度相互抉择。

如布施度加行:需要正智慧指导;以禅定不变初心,不变清净心;精进加行圆满布施;忍辱外在干扰;持戒自我内在庄严。

十一 结颂

此中有一嗢拕南颂:

"数相及次第,训词修差别,摄所治功德,互决择应知。"

【释义】

数等十门论六波罗蜜多法门，如上应知。

小结

彼入因果章安立六度法门，说明悟入唯识性之因果。悟入前谓因位行六度，悟入后地上谓果位行六度。全章分两节，首先总明因果；其次十门分别。

第一节总明因果，以安立六度法门谓菩萨悟入唯识性因地和果地所行法门。菩萨于因位依正闻熏习修六度法门，对治种种散动因，成就禅定，如理简择诸悟入唯识性。菩萨悟入唯识性后于果位得清净增上意乐所摄六度，于六度法门生起爱重、随喜、欣乐三种作意，与六度法门恒常相应修习，成就六度功德，圆满无上菩提。同时，举三颂以资粮、堪忍、所缘、作意、自体、瑞相、胜利七相说明清净增上意乐之相状。

第二十门分别，就六度之数、相、次第、训词、修习、差别、相摄、所治、胜利、抉择等十方面详细介绍六度法门，末后再以颂结说。此中，数门介绍六度为六数的原因。相门以所依最胜等六种殊胜相，说明六度殊胜。次第门说明六度由前生后、由易至难、由浅入深的次第安排。训词门从总别二释，解释了六度名相。修习门从初发心现起加行修到圆满佛果成所作事修五种修来说明六度修习。五种修中特别对作意修作了详细的介绍，可以作为六度修习重要指导法义。差别门说明六度品类差别，每度分别各有三品。相摄门以六度为一切善法之体相，一切善法随顺六度成就无上菩提的角度，说明六度统摄一切善法。所治门则以六度所对治的杂染，从相、因、果三方面统摄一切杂染法。胜利门介绍修习六度所成就的世出世间两方面功德。抉择门说明六度修习相互关联，每一度加行皆有其他五度增上。

本章可以说六度法门之概论，是研究大乘六波罗蜜多的重要文献。对抉择六度法义、修学指导都有着重要意义。

思考题

1. 为何六度为彼入因果？

2. 六度五种修有何现实指导意义？

3. 六度能治所治为何统摄一切善恶法？

第六章　彼修差别分第六

【本章导读】

　　彼修差别指悟入唯识性见道后，在地上修道位修习六度的位次差别，即菩萨十地。本章就十地建立、十地名义、十地成就特征、十地位次修习、十地修习圆满时间等几方面来详细阐述菩萨于修道位的位次差别。

第一节 十地要义

一 十地建立

如是已说彼入因果，彼修差别云何可见？由菩萨十地[1]。何等为十？一、极喜地，二、离垢地，三、发光地，四、焰慧地，五、极难胜地，六、现前地，七、远行地，八、不动地，九、善慧地，十、法云地。如是诸地安立为十，云何可见？为欲对治十种无明所治障故。所以者何？以于十相所知法界，有十无明所治障住。云何十相所知法界？谓初地中由遍行义；第二地中由最胜义；第三地中由胜流义；第四地中由无摄受义；第五地中由相续无差别义；第六地中由无杂染清净义；第七地中由种种法无差别义；第八地中由不增不减义，相自在依止义，土自在依止义；第九地中由智自在[2]依止义；第十地中由业自在依止义，陀罗尼门[3]，三摩地门自在依止义。

此中有三颂：

"遍行最胜义，及与胜流义。如是无摄义，相续无别义。

无杂染净义，种种无别义。不增不减义，四自在依义。

法界中有十，不染污无明。治此所治障，故安立十地。"

复次，应知如是无明，于声闻等非染污，于诸菩萨是染污。

【释义】

菩萨悟入唯识性见道后，于地上修道位修行位次云何可见？菩萨地上修行位次差别为十地，分别为：一、极喜地，二、离垢地，三、发光地，四、焰慧地，五、极难胜地，六、现前地，七、远行地，八、不动地，九、善慧地，十、法云地。①

菩萨地上修行位次为何安立为十地？菩萨所应知十相法界，有十无明所治障住，为证真去障故建立十地对治十种无明。

此中何谓十相法界？一是极喜地遍行法界。初地见道，破我法两种执着，

---

① 关于十地详细资料，唯识典籍除本论外，另于《显扬圣教论》卷三和《成唯识论》卷九都有详细介绍。

悟入唯识无义，契合诸法平等性遍行一切，故名遍行法界，由对治"异生性无明"所显现。异生性无明谓见道前未证无生法忍，凡夫人、我等四相执着。二是离垢地最胜法界。二地离去一切烦恼尘垢，彻底断除烦恼习气，不再于有情身有身、口、意上的染行及习气，通达法界清净，最为殊胜，故名最胜法界，由对住"邪行无明"所显现。邪行无明指初地菩萨断除身口意粗重毁犯，但习气未尽，有时于有情身上起无意的毁犯身、口、意染行。三是发光地胜流法界。第三地随着闻思修分加深，明白诸法从佛陀最清净法界等流，明白法界等流的殊胜性，故名胜流法界，由对治"迟钝性无明"所显现。迟钝性无明谓于闻思修的法门还会暂时地忘失。四是焰慧地无摄受法界。第四地断除微细俱生身见无明，通达诸法无摄受，故称无摄受法界。由对治"微细烦恼现行俱生身见无明"所显现。微细烦恼现行俱生身见无明，谓微细的俱生我、我所烦恼。摄受谓是苦、乐、舍的种种受，因我、我所的分别而有。五是极难胜地相续无差别法界。第五地菩萨能够真俗并用，明白生死涅槃无差别的不二之理，所以证得相续无差别法界，由对治"于下乘般涅槃无明"所显现。下乘般涅槃无明，指声闻乘无余涅槃，因为声闻圣人厌离生死，住于无余涅槃不再来此世间度化有情，不明白生死涅槃无二的真俗中道观。这障碍了菩萨积极入世普度众生的大悲心，所以是无明。六是现前地无杂染清净法界。第六地现前地菩萨深入修习十二缘起观，明白染净无差别，无杂染清净法界现行，由对治"粗相现行无明"所得。粗相现行无明，指六地前菩萨在修十二缘起观中，在十二缘起上有时还有杂染相和清净相的差别粗相可得。七是远行地种种法无差别法界。第七地远行地菩萨以无相观体证诸法无差别义，种种法无差别义法界显现，由对治"细相现行无明"所显现。细相现行无明，指前六地的菩萨，对佛所说的种种教法，还有微细的爱着，有微细的爱相现行。八是不动地不增不减法界。第八地菩萨无功用无相作行，体证诸法不增不减法性，不增不减法界显现。由对治"无相作行无明"所显现。无相作行无明，指有功用无相作行，相对于无功用无相作行来说就是无明。体证诸法不增不减法性得二相依止，谓身相自在依止及国土自在依止。九是善慧地智自在依止法界。第九地菩萨由于诸佛劝化及先前的愿力，在深定中现起普度众生的现行，远离不饶益有情行无明，智自在依止法界显现。于饶益有情事不作行无明，指菩萨到第八地，无功用无相现行，离一切执着，与无相寂灭的境界相应，对于这个无相寂灭的境界有点耽着，不能无功用地现行礼他行，所以说"于饶益有情事不作行无明"。十是法云地"业自在依止，陀罗尼门，三摩地门自在依止"法界。第十法云地菩萨得身、口、意三业自在，能够自在化导一切众生。于一切法得自在，对诸法能够自在明了，总持不失故。业自在依止，陀罗尼门，三摩地门自在依止法界显现，由对治"于诸法中未得自在无明"所现。于诸法中未得自在无明，指于一切法未能得自在，不能总持不失。

对治十相无明，成就十相法界，由此安立十地。此中所对治无明，于声闻乘非染污，于菩萨乘是染污。上说十相无明皆为所知障，不会障碍声闻乘证无余涅槃。

【注释】

[1] **地**：无性释云：法无我智的分位，名之为地。指法无我智由浅入深的位次（侧重于证智）。《瑜伽师地论》云："能持菩萨义，名之为地。"能持菩萨义，就是能摄持菩萨的功德。菩萨功德为所摄持，地为能摄持。（能证智与所证真如理相应，生一切功德。）综合两种解释，此中地者，取地的能生性为喻，说明无分别智能生诸功德。

[2] **智自在**：谓第九地菩萨所成就的四无碍智：一、义无碍智，对一切法义能够通达无碍；二、法无碍智，对诸法名相能够通达无碍；三、辞无碍智，对于一切语言文字等皆能通达无碍；四、乐说无碍智，善说法要，随机说法，闻者皆能获得利益，并且还不会厌足。

[3] **陀罗尼**：梵文 Dhāraṇi 音译，意译持，总持，能持能遮。以名持善法不使散，持恶法不使起之力用。有四种陀罗尼：一、法陀罗尼，指能记忆经句不忘。二、义陀罗尼，指能理解经义不忘。三、咒陀罗尼，指依禅定力起咒术，能消除众生之灾厄。四、忍陀罗尼，指通达诸法离言之实相，了知其本性，忍法性而不失。

二　十地名义

复次，何故初地说名极喜？由此最初得能成办自他义利胜功能故。何故二地说名离垢？由极远离犯戒垢故。何故三地说名发光？由无退转等持[1]，等至[2] 所依止故，大法光明[3] 所依止故。何故四地说名焰慧？由诸菩提分法[4] 焚灭一切障故。何故五地名极难胜[5]？由真谛智[6] 与世间智[7]，更互相违，合此难合令相应故。何故六地说名现前？由缘起智[8] 为所依止，能令般若波罗蜜多现在前故。何故七地说名远行[9]？至功用行最后边故。何故八地说名不动？由一切相有功用行不能动故。何故九地说名善慧？由得最胜无碍智故。何故十地说名法云？由得总缘一切法智^[10]含藏一切陀罗尼门，三摩地门，譬如大云能覆如空广大障故，又于法身能圆满故。

【释义】

十地为何如是命名？菩萨于初地，初得无生法忍，成就根本无分别智，契入诸法平等性，此时见道不再退转，所以能够成办自义利。有后得智生起，从大悲心出发，能够教化众生，所以能够成办他义利。菩萨成就这样的殊胜功能，内心生起强烈的欢喜心，故名极喜地。二地菩萨戒律彻底清净，所以远离犯戒的染污垢，故名离垢地，即为戒波罗蜜圆满。三地菩萨成就禅定不再退转，从定发慧，成就大法光明（大法光明就是大乘甚深智慧）。三地成就禅定是此大法光明的所依止处，故名发光地。四地菩萨修习三十七菩提分获得成就，成就诸菩提分的智慧，如同焰火一样，把一切烦恼障都焚灭了，故名焰慧地。第五地菩萨成就出世无分别真谛智及世间有分别普遍智，并且成就二智不相违，达真俗不二。此事极难胜，故名极难胜地。第六地菩萨以缘起智为所依止，以缘起智观察十二缘起流转还灭二门，能令般若波罗蜜多现前，故名现前地。第七地菩萨为有功用行的最后边，进一步即为无功用行。就有功行来言，第七地为有功用行最远处，故名远行地。第八地菩萨一切相及有功用行皆不动，进入无相寂灭的境界，故名不动地。第九地菩萨成就四无碍智，在十方世间宣扬佛法普度众生。有此智慧故，名为善慧地。第十地菩萨得总缘一切法智，含藏一切陀罗尼门、三摩地门故，如云含水；譬如大云能覆如空广大障故，如云覆空；于法身能圆满故，如云庄严天空；故名法云地。

【注释】

［1］**等持**：禅定异名，心境一致的状态，一般指色界四禅定。《摄大乘论无性释》卷7："诸静虑定说名等持，诸无色定说名等至，或等持者心一境相，言等至者正受现前。"①

［2］**等至**：禅定异名，定境正现前，一般指无色界定。《瑜伽师地论》卷11："等持者，谓三三摩地，一空、二无愿、三无相。……等至者，谓五现见三摩钵底，八胜处三摩钵底，十遍处三摩钵底，四无色三摩钵底，无想三摩钵底，灭尽定等三

---

① 〔印〕无性造、（唐）玄奘译《摄大乘论释》卷7，CBETA，T31，no. 1598，p. 424，a27—29。

摩钵底。"①

[3] **大法光明**：谓大乘甚深智慧。

[4] **菩提分法**：一指三十七菩提分法，谓四念处，四正勤，四如意足，五根，五力，七觉支，八正道是也。二指七菩提分法（七觉支）。

[5] **难胜**：《大乘庄严经论》卷13《行住品　二十三》："难胜者，菩萨于五地中有二种难：一、勤化众生心无恼难；二、众生不从化心无恼难；此地菩萨能退二难，于难得胜故名难胜地。"②

[6] **真谛智**：谓明白诸法真实相的智慧，是出世间无分别的智慧。

[7] **世间智**：谓依世间普遍真实，了知世间工论等智，是世间有分别的智慧。

[8] **缘起智**：谓观察十二因缘所起的智慧，即了知诸法甚深缘起的智慧。

[9] **远行**：《成唯识论集解》卷9："此有三义：一、善修无相，到无相边际故；二、功用至极故；三、望前超过故。"③

[10] **总缘一切法智**：《摄大乘论无性释》卷7："总缘一切契经等法，不离真如，此一切法共相境智。"④

三　十地成就

得此诸地云何可见？由四种相：一、得胜解，谓得诸地深信解故。二、得正行，谓得诸地相应十种正法行[1]故。三、得通达，谓于初地达法界时，遍能通达一切地故。四、得成满，谓修诸地到究竟故。

【释义】

成就诸地云何可知？由四种相可知：（1）得胜解，对十地法门，深信印可，无有丝毫的疑惑。（2）得正行，成就十种正法行。（3）得通达，菩萨悟入唯识无义，通达真如理，入初地极喜地。就一真法界的角度来说，于初地通达真如

① 弥勒菩萨造、（唐）玄奘译《瑜伽师地论》卷11，CBETA，T30，no.1579，p.328，c21-22。
② 〔印〕无著造、（唐）波罗颇蜜多罗译《大乘庄严经论》卷13《行住品 二十三》，CBETA，T31，no.1604，p.659，a29-b2。
③ （明）通润集解《成唯识论集解》卷9，CBETA，X50，no.821，p.801，b20-22//Z 1：81，p.295，d2-4//R81，p.590，b2-4。
④ 〔印〕无性造、（唐）玄奘译《摄大乘论释》卷7，CBETA，T31，no.1598，p.424，b25-26。

法界，与其他诸地无二无别。（4）得成满，诸地修行获得究竟成就，福德智慧圆满。

【注释】

［1］ **十种正法行**：《辩中边论》卷3《辩无上乘品七》："何等名为十种法行？颂曰：'谓书写供养，施他听披读，受持正开演，讽诵及思修。'论曰：'于此大乘有十法行，一书写，二供养，三施他，四若他诵读专心谛听，五自披读，六受持，七正为他开演文义，八讽诵，九思惟，十修习行。'"①

第二节　十地修习

一　修止观

修此诸地，云何可见？谓诸菩萨于地地中，修奢摩他，毗钵舍那②，由五相修。何等为五？谓集总修，无相修，无功用修，炽盛修，无喜足修。如是五修，令诸菩萨成办五果：谓念念中销融一切粗重依止，离种种相得法苑乐，能正了知周遍无量无分限相大法光明，顺清净分无所分别无相现行，为令法身圆满成办，能正摄受后后胜因。

【释义】

菩萨于十地，当如何修？菩萨于地地中由五相修止观：（1）集总修。集总相修，集起大乘教法的总相，来观察诸法。从观察一法，来感知一切诸法无常、无我的总相（胜解行地）。（2）无相修。就是与第一义谛相应，在一真法界中，观察一切法皆不可得，不管能修、所修都无有实在相可得（初地至第七地）。（3）无功用修。无须加功用行，时时都处于无相的境界中，也就是能够任运的止观双运（第八不动地）。（4）炽盛修。不停滞于无功用行无相境界中，以大愿力故在六度的修习上反而念念增胜，勇猛精进（第九善慧地）。（5）无喜足修。

---

① 〔印〕世亲造、（唐）玄奘译《辩中边论》卷3《辩无上乘品七》，CBETA，T31，no.1600，p.474，b21-23。

② 〔印〕世亲释、（陈）真谛译《摄大乘论释》卷10《五　释入因果修差别胜相品》："三世菩萨修行悉同，为得未曾得为先。此显修时在清净意位，故言于地中所修十波罗蜜。通有二体：一、不散乱为体，二、不颠倒为体。不散乱属奢摩他，不颠倒属毗钵舍那。诸地各各具五相修习得成菩萨地，若无此五修不得入菩萨地。"CBETA，T31，no.1595，p.224，c16-22。

菩萨不因小小成就而满足，于十方法界利益一切有情，度化有情，直至究竟圆满。

依此五种修，成就五种功德：（1）集总相修止观，观得诸法唯识无义的总相，所以在念念中能够消除粗重的烦恼种子，善备福德资粮，为进入见道作准备（解脱德）。（2）无相修止观，从诸法第一义谛出发，不但所观的法不可得，就是连能观的智也是不可得，所以能所双泯，离种种相，此时进入极喜地，生起未曾有的法乐（解脱德）。（3）无功用修现行，时时与真如理相应，能正了知周遍一切处，无量无边，无有分际界限，圆融无碍的大乘甚深智慧（般若德）。（4）菩萨炽盛修止观，在念念中顺此清净分（圆成实离垢清净），获得无所分别离一切相根本无分别智（般若德）。（5）前前成办后后因，前十地的修习，都是为了成办法身因，此到第十地法云地圆成，法身因圆成，进入佛地成就法身果（法身德）。

二　修十度

由增胜故，说十地中别修十种波罗蜜多。于前六地所修六种波罗蜜多，如先已说。后四地中所修四者：一、方便善巧波罗蜜多，谓以前六波罗蜜多所集善根，共诸有情回求无上正等菩提故。二、愿波罗蜜多，谓发种种微妙大愿，引摄当来波罗蜜多殊胜众缘故。三、力波罗蜜多，谓由思择、修习二力，令前六种波罗蜜多无间现行故。四、智波罗蜜多，谓由前六波罗蜜多成立妙智，受用法乐，成熟有情故。又此四种波罗蜜多，应知般若波罗蜜多无分别智后得智摄。又于一切地中，非不修习一切波罗蜜多。如是法门，是波罗蜜多藏之所摄。

【释义】

依每一地有一波罗蜜多增胜的角度，说十地修十波罗蜜多。前六地所修六波罗蜜多，如前说。后四地所修四波罗蜜多分别为：（1）方便善巧波罗蜜多，谓七地菩萨以前六度所修功德，共诸有情回向无上菩提。（2）愿波罗蜜多，谓发种种微妙的大愿，来摄受利益众生，成就将来波罗蜜多殊胜的众缘。八地菩萨发愿成就清净佛土，摄受众生一同求证无上菩提，清净佛土即谓"当来波罗蜜多的殊胜众缘"。（3）力波罗蜜多，谓菩萨通过这思择、修习二力，令前六波罗蜜多恒无间断地起现行。（4）智波罗蜜多，谓菩萨修习六度圆满成就妙智，通达一切佛法受用法乐，成熟一切有情。般若度与智度的差别：般若度为根本智，后四度为后得智。即后四度是般若度根本的开显，般若度包含后四度。般若度与智度的差别亦而。

三　修习时间

复次，凡经几时修行诸地可得圆满？有五补特伽罗，经三无数大劫：谓胜解行补特伽罗，经初无数大劫修行圆满；清净增上意乐行补特伽罗及有相行，无相行补特伽罗，于前六地及第七地，经第二无数大劫修行圆满；即此无功用行补特伽罗，从此已上至第十地，经第三无数大劫修行圆满。

此中有颂：

"清净增上力，坚固心升进。名菩萨初修，无数三大劫。"

【释义】

菩萨经多长时间可得圆满？有五补特伽罗，经三无数大劫得圆满。此中五补特伽罗（发菩提心的大心有情）说明修习的位次，三无数大劫说明修习的时间。

第一位次，谓胜解行补特伽罗，需经初无数大劫修行胜解行圆满。第二位次，谓清净增上意乐行补特伽罗。清净增上意乐，就是见道后，与根本无分别智相应的清净菩提心，及殊胜的利益众生的意乐（包括初地至第十地）。第三、第四位次，及有相行、无相行补特伽罗，于前六地及第七地，经第二无数大劫修行圆满。第五位次，即此无功用行补特伽罗，从此已上至第十地。经过第三无数大劫修行圆满。

菩萨初阿僧祇劫修习从何算起？如颂文言，当具备四力："清净增上力，坚固心升进，名菩萨初修，无数三大劫。"清净力，即发无上菩提心（善根）；增上力，即大愿；坚固心，即坚固的道心，意志力；升进力，即精进不懈。

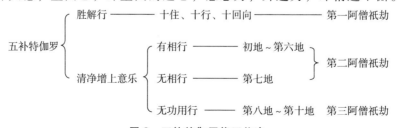

图 8　五补特伽罗修习位次

小结

本章说明菩萨悟入唯识性后，于修道位修习六度的位次差别——十地。全章分两节，第一节明十地要义，第二节明十地修习。

十地要义，从十地建立、十地名义、十地成就三方面来说明。菩萨于修道位应证十相法界，被十无明所障。因证真去障故，建立十地对治无明。十地名义，说明十地名义安立的因由。十地成就，说明成就十地的四种相状，分别为得胜解、得正行、得通达、得成满。

十地修习，主要说明菩萨在十地修习方式和修习诸地圆满的时间。菩萨于十地修习有两方面：一者，依集总相修等五相修大乘止观，成就五种功德，圆满解脱、般若、法身三德。二者，以每地增胜一波罗蜜的角度，菩萨于十地修习十度（波罗蜜）。十度谓六度加方便、愿、力、智四度，此四度为般若度后得智所摄，般若度之开展。关于菩萨修习诸地圆满的时间，本论认为须经历胜解行等五阶位，经过三大阿僧祇劫修行圆满。

思考题

1. 菩萨悟入唯识性，证得诸法实相，为何还需经历十地修行破十无明证真？

2. 菩萨于地地中如何修行？

3. 应当如何正确理解菩萨十地修行圆满需要三无数大劫？

第七章　增上三学

　　增上三学，分别阐明大乘三无漏学的殊胜，以说明大乘不共义。前六度中虽已经含摄戒、定、慧三义，此中重新提出就前后转辗相生别立三学。谓增上就前为后因定义，即戒增上定，定增上慧。

第一节　增上戒学

增上戒学分第七

一　增上戒出处

如是已说因果修差别，此中增上戒殊胜，云何可见？如菩萨地正受菩萨律仪[1] 中说。

【释义】

增上戒殊胜，云何可见？如《瑜伽师地论·菩萨地》中《戒波罗蜜多品》中所说。此中殊胜，就菩萨律仪与声闻律仪之差别而言。

【注释】

[1] **菩萨地正受菩萨律仪**：《瑜伽师地论》卷40《本地分中菩萨地第十五初持瑜伽处10戒品》。

二　增上戒殊胜

复次，应知略由四种殊胜故此殊胜：一、由差别殊胜，二、由共不共学处殊胜，三、由广大殊胜，四、由甚深殊胜。

差别殊胜者，谓菩萨戒有三品别：一、律仪戒，二、摄善法戒，三、饶益有情。此中律仪戒，应知二戒建立义故；摄善法戒，应知修集一切佛法建立义故；饶益有情戒，应知成熟一切有情建立义故。

共不共学处殊胜者，谓诸菩萨一切性罪不现行故，与声闻共；相似遮罪有现行故，与彼不共。于此学处，有声闻犯菩萨不犯，有菩萨犯声闻不犯。菩萨具有身语心戒，声闻唯有身语二戒，是故菩萨心亦有犯非诸声闻。以要言之，一切饶益有情无罪身语意业，菩萨一切皆应现行，皆应修学。如是应知说名为共不共殊胜。

广大殊胜者，复由四种广大故：一、由种种无量学处广大故，二、由摄受无量福德广大故，三、由摄受一切有情利益安乐意乐广大故，四、由建立无上正等菩提广大故。

甚深殊胜者，谓诸菩萨由是品类方便善巧行杀生等十种作业，而无有罪，生无量福，速证无上正等菩提。又诸菩萨现行变化身语两业，应知亦是甚深尸罗。由此因缘，或作国王示行种种恼有情事，安立有情毗奈耶中。又现种种诸本生事，示行逼恼诸余有情，真实摄受诸余有情，先令他心深生净信，后转成熟。是名菩萨所学尸罗甚深殊胜。

由此略说四种殊胜，应知菩萨尸罗律仪最为殊胜。

【释义】

四种殊胜显示菩萨戒殊胜，谓：差别殊胜、共不共学处殊胜、广大殊胜、甚深殊胜。

1. 差别殊胜者，菩萨戒有三品差别：（1）律仪戒，谓摄善法戒和饶益有情戒建立的基础；（2）摄善法戒，谓修集一切佛法的基础；（3）饶益有情戒，谓成熟一切有情的基础。

2. 共不共学处殊胜者，性罪共菩萨声闻俱不现行；遮罪不共，声闻不现行，菩萨有相似现行。遮罪不共具体表现为：（1）声闻犯菩萨不犯，如声闻不持金像宝物，菩萨善备福德资粮。（2）菩萨犯声闻不犯，有度缘菩萨不去犯，声闻不犯，如在安居中。遮罪不共的原因，谓菩萨一切行为从利益众生出发，声闻一切行为以寻求解脱出发。约身口意行为来说，菩萨戒具有身语心戒，对行为与思想都有规范；声闻唯有身语二戒，只对行为有规范。总之，菩萨对于一切利益有情的，无罪的身口意都因积极学习，不学就犯菩萨戒；声闻只要行为无罪，不一定要利益众生。以此说明菩萨学处殊胜。

3. 广大殊胜者，由四种广大：（1）由种种无量学处广大，就律仪戒来说。菩萨发无上菩提心，为实现自利利他，无量律仪皆应学习。就律仪的数量，菩萨戒要超过声闻戒。（2）由摄受无量福德广大，就摄善法戒来说。菩萨学处，除了"诸恶莫作"的律仪戒外，还要持"众善奉行"的摄善法戒，所以能够善备无量无边的福德资粮。而声闻学处，偏重于"诸恶莫作"，从摄福德这方面来说，不如菩萨学处广大。（3）由摄受一切有情利益安乐意乐广大，就饶益有情戒来说。菩萨从慈悲心出发，共诸有情，回向无上菩提。从这点，菩萨学处要比声闻学处广大殊胜。（4）由建立无上正等菩提广大，这是菩萨学处的目的所在。菩萨修学摄律仪戒，摄善法戒，饶益有情戒，其目的就是要建立无上正等菩提，愿众生都能证得无上正等菩提。这是声闻学处所不能及的，所以叫作广大殊胜。

4. 甚深殊胜者，说明菩萨学处微妙不可思议境界：（1）方便善巧行杀生等十恶业，而无有罪，生无量福，速证无上正等菩提。有两个前提：第一，必须是从大悲心出发，为利益绝大部分的众生，而去伤害少数众生；第二，对所做的恶业，必须自己承担行为的后果，就是为利益众生不怕牺牲自己，为自己的行为负责。（2）现行变化身语二业，为安立有情于律仪中，让他们不造恶堕落，而守法行善，成熟善根，趋向解脱，菩萨示现种种粗暴身语二业变化。（3）现诸种种本生事，为度生方便，示现种种本生事迹，来摄受部分有情。先令人心生净信，后转辗成熟有情，如示现逼恼有情来摄受实有情令其生信。

由上说四种殊胜，应知菩萨律仪最为殊胜。

三 余处广说

如是差别菩萨学处，应知复有无量差别，如《毗奈耶瞿沙方广契经》中说。

【释义】

如是差别菩萨学处，应有无量差别，于《毗奈耶瞿沙方广契经》中有广说。

第二节 增上心学

增上心学分第八

一 总标殊胜

如是已说增上戒殊胜，增上心殊胜云何可见？略由六种差别应知：一、由所缘差别故，二、由种种差别故，三、由对治差别故，四、由堪能差别故，五、由引发差别故，六、由作业差别故。

【释义】

增上心（定）殊胜，云何可见？由六种差别显现：（1）由所缘差别故；（2）由种种差别故；（3）由对治差别故；（4）由堪能差别故；（5）由引发差别故；（6）由作业差别故。

二　别释殊胜差别

所缘差别者，谓大乘法为所缘故。

种种差别者，谓大乘光明，集福定王，贤守，健行等三摩地，种种无量故。

对治差别者，谓一切法总相缘智，以楔出楔道理，遣阿赖耶识中一切障麤重故。

堪能差别者，谓住静虑乐，随其所欲即受生故。

引发差别者，谓能引发一切世界无碍神通故。

【释义】

1. 所缘差别者，增上心以大乘法为所缘。

2. 种种差别者，增上心有无量百千三昧。如大乘光明、集福定王、贤守、健行等三摩地。大乘光明三摩地（初地到发光地的境界），发无上菩提心的人，修习大乘甚深禅定，其禅定成就的时候，就能发出如光明般的智慧，照见大乘佛法的教理行果，通达一切佛法（侧重智慧成就）。集福定王三摩地（第四地到第七地境界），成就此禅定，在定中仍然继续修习六度，积集无量无边福德。就是有功用行的积极修习六波罗蜜多，直到第七地远行地（侧重福德成就）。贤守三摩地（第八地到第九地境界），以慈悲心守护一切众生，教化一切众生修学善法，脱离苦海。健行三摩地（第十地境界），"健行"就是健者所行的意思，"健者"诸佛菩萨，因成就无量功德，身口意三业清净故。身口意三业清净，成就无量功德者，是一切恶法所不能动摇的，故为刚健者、健者。这四个三摩地，前二侧重于福慧的自我成就，那就是自利的行为；第三为利他的行为；第四则自利且利他，达到究竟圆满的健行。

3. 对治差别者，听闻大乘法义，如理思维，生起缘诸法总相智的似法似义意言。在禅定中以此意言修止观，生起一切法总相智，来遣除赖耶中的烦恼、所知二障粗重种子。

4. 堪能差别者，表现为二：第一，"住静虑"中，也就是住在禅定中，不会受禅定的局限，不会受这寂静的状态而局限菩萨利益众生的事业。第二，菩萨住于禅定中，不会因为禅定中大"乐"而眈着，仍然会"随其所欲即受生"，随其所喜欢的度生事业，到各处受生利益众生。

5. 引发差别者，菩萨成就禅定，能够引发到一切世界无障碍的殊胜神通。因为菩萨随所欲即受生，所以能够一切世界无障碍。

三　广明作业差别

（一）引发神通业

作业差别者，谓能振动，炽然，遍满，显示，转变，往来，卷舒，一切色像皆入身中，所往同类，或显或隐，所作自在，伏他神通，施辩念乐，放大光明；引发如是大神通故。

【释义】

作业差别者，第一，能引发神通业：谓能振动等种种大神通作业。

神通有：能振动，为能振动无量的世界的威力。炽然，谓放大光明遍照无量无边的世界，指诸佛菩萨智慧光明能通达一切世界。遍满，谓诸佛菩萨智慧光明能够遍满无量无边世界。显示，谓显示无量身度化无量众生；十方菩萨、十方世间显示无遗。转变，谓指因神通力能使四大体性相互转变，如水性变为地性，地性变为火性等。往来，谓刹那间能够随意往来无量无边世界。卷舒，卷为卷入，舒为舒展。约空间来讲，能卷须弥入芥子，所谓芥子纳须弥；舒芥子为须弥，所谓一花一世界。约时间来讲，卷无量劫为一刹那，舒一刹那为无量劫，诸佛菩萨有这大自在的境界。

作业有：一切色像皆入身中，谓一切有情、无情的色像皆能摄入自身中。所往同类，谓往众生所住处，方便示现同类身度化一切众生。或显或隐，谓或显或隐随缘示现作种种引导。所作自在，谓住大神通，度化众生，所作自在，随意显现。伏他神通，谓能够降伏外道、小乘神通。施辩念乐，谓施于众生辩才、增强众生忆念、使众生获得无量法喜，消除众生痛苦，身心得大安乐。放大光明，谓入甚深禅定，放大光明。

（二）引发难行业

又能引发摄诸难行十难行故。十难行者，一自誓难行，誓受无上菩提愿故。二不退难行，生死众苦不能退故。三不背难行，一切有情虽行邪行而不弃故。四现前难行，怨有情所现作一切饶益事故。五不染难行，生在世间不为世法所染污故。六胜解难行，于大乘中虽未能了，然于一切广大甚深生信解故。七通达难行，具能通达补特伽罗法无我故。八随觉难行，于诸如来所说甚深秘密言词能随觉故。九不离不染难行，不舍生死而不染故。十加行难行，能修诸佛安住解脱一切障碍，穷生死际不作功用，常起一切有情一切义利行故。

【释义】

第二，能引发摄诸难行之十种难行：一者自誓难行，菩萨坚强的禅定意志力，所以其能够誓受无上菩提愿，积极利益一切有情。二者不退难行，以大悲心不忍众生苦，不退菩提心，光行六度利益众生。三者不背难行，不背弃、不舍弃一切众生，哪怕众生行邪行业，不受教化。依然以慈悲心去感化。四者现前难行，怨亲平等，以德报怨。五者不染难行，虽处世间不为世法所染。六者胜解难行，对大乘法义生起绝对的胜解（胜解行地）。七者通达难行，通达人法二无我，无分别智现前（通达位）。八者随觉难行，对诸佛所说甚深秘密教，能随顺佛的正义，觉悟明了。九者不离不染难行：不住涅槃，不执生死，十者加行难行，修学诸佛所说无上菩提大行，安住解脱一切障碍，穷生死际，不作功用常起一切有情一切义利行。

（三）别明随觉难行

复次，随觉难行中，于佛何等秘密言词彼诸菩萨能随觉了？谓如经言："云何菩萨能行惠施？若诸菩萨无少所施，然于十方无量世界广行惠施。云何菩萨乐行惠施？若诸菩萨于一切施都无欲乐。云何菩萨于惠施中深生信解？若诸菩萨不信如来而行布施。云何菩萨于施策励？若诸菩萨于惠施中不自策励。云何菩萨于施耽乐？若诸菩萨无有暂时少有所施。云何菩萨其施广大？若诸菩萨于惠施中离娑洛想。云何菩萨其施清净？若诸菩萨媪波陀悭。云何菩萨其施究竟？若诸菩萨不住究竟。云何菩萨其施自在？若诸菩萨于惠施中不自在转。云何菩萨其施无尽？若诸菩萨不住无尽。"如于布施，于戒为初，于慧为后，随其所应当知亦尔。

云何能杀生？若断众生生死流转。云何不与取？若诸有情无有与者自然摄取。云何欲邪行？若于诸欲了知是邪而修正行。云何能妄语？若于妄中能说为妄。云何贝戌尼？若能常居最胜空住。云何波鲁师？若善安住所知彼岸。云何绮间语？若正说法品类差别。云何能贪欲？若有数数欲自证得无上静虑。云何能瞋恚？若于其心能正憎害一切烦恼。云何能邪见？若一切处遍行邪性皆如实见。

甚深佛法者，云何名为甚深佛法？此中应释：谓常住法是诸佛法，以其法身是常住故；又断灭法是诸佛法，以一切障永断灭故；又生起法是诸佛法，以变化身现生起故；又有所得法是诸佛法，八万四千诸有情行及彼对治皆可得故；又有贪法是诸佛法，自誓摄受有贪有情为己体故；又有瞋法是诸佛法，又有痴法是诸佛法，又异生法是诸佛法，应知亦尔；又无染法是诸佛法，成满真如一切障垢不能染故；又无污法是诸佛法，生在世间诸世间法不能污故：是故说名甚深佛法。

【释义】

随觉难行中，于佛有何秘密言教，菩萨能够随觉明了？

1. 约六度解释，此中举布施度为例

如经言："云何菩萨能行惠施？若诸菩萨无少所施，然于十方无量世界广行惠施。"一者，菩萨契入诸法平等性，通达诸法无二无别，虽无所少施，但能随喜赞叹十方菩萨于十方世界能行惠施，等同菩萨广行惠施。二者，菩萨三轮体空修习布施，不执能施、所施、施物（无少所施），此乃真正能行惠施。

"云何菩萨乐行惠施？若诸菩萨于一切施都无欲乐。"谓菩萨三轮体空行布施，对施无有染污的欲乐，才是菩萨乐行惠施。

"云何菩萨于惠施中深生信解？若诸菩萨不信如来而行布施。"菩萨体证诸法平等性，从自他不二的慈悲心流露行布施才是真正信解。此中不信如来者，谓断我法二执，才是真正信解。

"云何菩萨于施策励？若诸菩萨于惠施中不自策励。"菩萨彻底断除了吝啬的心，于布施中无须自己策励，自然而自然的精进不懈，那才是真正的于施策励。

"云何菩萨于施耽乐？诸菩萨无有暂时少有所施。"是指菩萨能够恒时不间断地广行无量无边的布施。

"云何菩萨其施广大？若诸菩萨于惠施中离娄洛想。"离娄洛想，意谓离去流散想，成就禅定。菩萨定中布施，大悲心遍缘一切法不流散故，说其施广大。

"云何菩萨其施清净？若诸菩萨殟波陀悭。"殟波陀悭意谓拔掉贪的根本悭吝心，菩萨熄灭悭吝心行布施，所以说其施清净。

"云何菩萨其施究竟？若诸菩萨不住究竟。"不住究竟意谓不住无余涅槃，菩萨不舍众生，不住无余涅槃，尽未来际地行菩萨道，来布施饶益一切众生的，所以"其施究竟"。

"云何菩萨其施自在？若诸菩萨于惠施中不自在转。"不自在转，指障碍布施法的悭吝心等烦恼，不能自在转起。因为菩萨断除烦恼障故，说菩萨于施自在。

"云何菩萨其施无尽？若诸菩萨不住无尽。"无住故无尽，说菩萨其施无尽。

如布施，余初戒后慧，当知亦尔。

2. 约十恶业解释

云何能杀生？谓断生死流，不再轮回。云何不与取？谓怨亲平等，自然摄取度化有情。云何欲邪行？谓了知邪行的过错而修正行。云何能妄语？了知诸法虚妄性，妄中说妄。云何贝戍尼？贝戍尼意为离间，此中指空间，谓常居最胜空。云何波鲁师？波鲁师意为粗恶、彼岸，谓善安住所知彼岸。云何绮间语？谓用优雅的言语来正说诸法品类。云何能贪欲？为善法欲，数数欲自证得无上静虑。云何能瞋恚？谓对一切障碍解脱的烦恼生起厌恶。云何能邪见？谓菩萨能见一切邪性。

3. 约甚深佛法解释

甚深佛法者，此中何为甚深义？谓常住法是诸佛法，法身常住故。断灭法是诸佛法，断灭一切烦恼、所知二障故。生起法是诸佛法，千百亿变化身现起故。有所得法是诸佛法，针对八万四千有情行有彼对治法门可得故。有贪法是诸佛法，佛自誓摄受度化有情证无上菩提，自誓故"贪"。无染法是诸佛法，成就圆满清净真如，一切烦恼、所知障垢不能染污故。

（四）引发四种业

又能引发修到彼岸，成熟有情，净佛国土，诸佛法故，应知亦是菩萨等持作业差别。

【释义】

第三，引发四种业。一者，修到彼岸。依三摩地禅定，能够引发到诸佛解脱彼岸的修法，而成就圆满解脱。二者，成熟有情。依三摩地引发种种神通，方便善巧度化有情，成熟有情。三者，净佛国土。自利自他圆满成就种种功德，庄严清净国土，安乐一切有情，回求无上菩提。四者得诸佛法。依三摩地定力，能够种种善巧方便，作种种功德，成满十力、四无所畏、十八不共、无量无边的佛法。

第三节　增上慧学

增上慧学分第九

一　总说增上慧殊胜

如是已说增上心殊胜，增上慧殊胜云何可见？谓无分别智，若自性，若所依，若因缘，若所缘，若行相，若任持，若助伴，若异熟，若等流，若出离，若至究竟，若加行、无分别、后得胜利，若差别，若无分别、后得譬喻，若无功用作事，若甚深。应知无分别智，名增上慧殊胜。

【释义】

增上慧殊胜，云何可见？增上慧者，谓无分别智，由自性等十六行相来说明增上慧之殊胜。

二　别释殊胜

（一）自性

此中无分别智，离五种相以为自性：一、离无作意故，二、离过有寻有伺地故，三、离想受灭寂静故，四、离色自性故，五、离于真义异计度故。离此五相，应知是名无分别智。

于如所说无分别智成立相中，复说多颂："诸菩萨自性，远离五种相，是无分别智，不异计于真。"

【释义】

此中无分别智，离五种相而为自性：（1）离无作意。无分别智是对真如的直接觉知，非极度昏昧下心、心所无作意的状态。（2）离过有寻有伺地。在三界九地中，于色界二禅以上诸天离去寻伺心所。无分别智是圣人的出世无漏智慧，非二禅以上诸天离寻伺的智慧。（3）离想受灭寂静。无分别智离虚妄分别，非灭尽定中想受不现行的想受灭寂静状态。（4）离色自性。无分别智体证真如，非色自性全然无知的无分别状态。（5）离于真义异计度。无分别智是对真如证悟，而非对真如的内心推论。离去此五种相，是菩萨增上慧无分别智体相。

（二）所依

"诸菩萨所依，非心而是心。是无分别智，非思义种类。"

【释义】

无分别智所依，非心而是心。无分别智断思量分别故，非凡夫的思量分别心为所依。无分别智是对真如的直接体证故，与真如相契合之真心为所依。此中真心虽是非思议的无漏心，但其是在思议心上如理作意所引发的，由分别心的加行所生起，故其还是心的种类，故说是心。

（三）因缘

"诸菩萨因缘，有言闻熏习。是无分别智，及如理作意。"

【释义】

诸菩萨无分别智有两种因缘生起，第一，从听闻"有"名"言"的教法的"闻熏习"；第二，依闻熏习而作的"如理作意"。

（四）所缘

"诸菩萨所缘，不可言法性。是无分别智，无我性真如。"

【释义】

诸法不可言说的离名言分别的真实法性，是菩萨无分别智所缘。即于依他起法上离去遍计所执的虚妄分别自性，所显的无我圆成实真如。

（五）行相

> "诸菩萨行相，复于所缘中。是无分别智，彼所知无相。
> 相应自性义，所分别非余。字展转相应，是谓相应义。
> 非离彼能诠，智于所诠转。非诠不同故，一切不可言。"

【释义】

菩萨无分别智行相，谓无分别智亲证诸法真如实相。此行相为离名言相之真实相，即为无相。

平常心缘虑所缘境的行相，是就非义计义的自性执上辗转相应。即能诠名与所诠义的辗转相应，起种种分别。但是这种行相不能离开能诠名而独立地所诠义存在，不是离名言的诸法真实相。又能所诠具有不同一性、不确定性，从这点来看能所诠不能说明诸法真实相。反之，诸法的真实性是不可言说的，如果非要用一般的能所来理解无分别智的行相，就无分别智对离言性的真如亲证来说，姑且只能假名安立无相来说明。

（六）任持

> "诸菩萨任持，是无分别智。后所得诸行，为进趣增长。"

【释义】

菩萨无分别智，能任持前五度，相续圆满。此就果上修六度而言，菩萨见道无分别智显现，任持前五度，进取增长，成熟圆满。

（七）助伴

> "诸菩萨助伴，说为二种道。是无分别智，五到彼岸性。"

【释义】

助伴指无分别智圆满之增上缘（前五度），有二道：一者，资粮道，即布施度至精进度的修行；二者，依止道，即禅定度为依止生起。

（八）异熟

"诸菩萨异熟，于佛二会中。是无分别智，由加行证得。"

【释义】

菩萨异熟有两种，即由加行无分别智成就变化身法会异熟；由证得（根本）无分别智成就法身大士，为应用身法会异熟。

（九）等流

"诸菩萨等流，于后后生中。是无分别智，自体转增胜。"

【释义】

等流，谓同类因生起的果报，等、前后相似，流、继续进步。无分别智自体，自菩萨见道登入初地至第十地圆满。无分别智于十地中，后后于前前中辗转增胜圆满。

（十）出离

"诸菩萨出离，得成办相应。是无分别智，应知于十地。"

【释义】

菩萨无分别智于十地中得相应、成办出离烦恼、所知二障，得涅槃离系果。于初地得相应出离，第二地至第十地成办出离。

（十一）究竟

"诸菩萨究竟，得清净三身，是无分别智，得最上自在。"

【释义】

菩萨无分别智，于十地中地地增上，究竟清净三身（化身，报身、法身）得最上自在力，如寿自在、心自在、财自在、智慧自在、法自在等十种自在。

（上助伴至究竟位无分别智五果）

（十二）加行无分别后得智

"如虚空无染，是无分别智。种种极重恶，由唯信胜解。

如虚空无染，是无分别智。解脱一切障，得成办相应。

如虚空无染，是无分别智。常行于世间，非世法所染。"

【释义】

菩萨无分别智有三品差别。一者，加行智：如虚空无染，能转舍种种极重恶，加行智成就菩萨对诸法唯识无义生起绝对胜解，了知诸法唯识所现，无有实在义故。二者，根本智：如虚空无染，无分别根本智通达一切法空理，所以能解脱一切烦恼、所知二障，得成办出离相应。三者，后得智：如虚空一样无染，以大悲心故常行世间，非世法所能染污故。

（十三）三智差别

"如痖求受义，如痖正受义，如非痖受义，三智譬如是。

如愚求受义，如愚正受义，如非愚受义，三智譬如是。

如五求受义，如五正受义，如末那受义，三智譬如是。

如未解于论，求论，受法，义，次第譬三智，应知加行等。"

【释义】

四喻明三智差别。

1. 哑子和非哑喻

如痖求受义，说明加行智；

如痖正受义，说明根本智；

如非痖受义，说明后得智。

2. 愚非愚喻

文义同上。

3. 前六识缘境喻

如五求受义，说明加行智；

如五正受义，说明根本智；

如末那受义，说明后得智。

4. 解论喻

求论明加行智；

受法明根本智；

宣义明后得智。

（十四）无分别后得智之譬喻

"如人正闭目，是无分别智；即彼复开目，后得智亦尔。

应知如虚空，是无分别智；于中现色像，后得智亦尔。"

【释义】

闭目于色相无所得，如无分别智于法无所得；复开目，如实见色相，如后得智如实抉择诸法。如虚空无所得，是无分别智；如空中现色相，是后得智。

（十五）无功用作事

"如末尼天乐，无思成自事。种种佛事成，常离思亦尔。"

【释义】

佛智无分别，成就利生事，如末尼天乐，无思成自事。

（十六）甚深

"非于此非余，非智而是智。与境无有异，智成无分别。

应知一切法，本性无分别。所分别无故，无分别智无。"

【释义】

此中就所缘境、能缘智说明甚深。

一者，所缘境甚深（"非于此非余"）：无分别智所缘境，是依他起上离去遍计所执所显的圆成实真如（非于此）。圆成实真如非依他起有为法，亦非离有为法别立实有自性之无为法（非余）。

二者，能缘智甚深（"非智而是智"）：无分别智离一切分别、一切思维，故非凡夫简择性的智慧（非智）。无分别智亲证诸法真如无我性，故为圣人出世无漏智（而是智）。

三者，何谓无分别智？无分别智与真如境无有异故，无分别智亲证真如，与真如无二无别，所以叫无分别智。为便于众生理解，假立名言，立能缘智无分别，所缘境真如，实无能所可得。无分别智与境界没有能所之异，能所不二故。所以，立此智慧为无分别智。

四者，无分别的原因：约三相而言，遍计所执非议计义故无所有，依他起缘生故无实在自性，圆成实真如离一切相。诸法法性本来无自性，无有实在差别相可得，故无分别。真如法性离一切分别相，故此无分别智的所缘不可得，所缘不可得故，能缘无分别智也不可得。

三　三智品类

此中加行无分别智有三种，谓因缘、引发、数习生差别故。根本无分别智亦有三种，谓喜足、无颠倒、无戏论无分别差别故。后得无分别智有五种，谓通达、随念、安立、和合、如意思择差别故。

【释义】

三智，谓加行无分别智、根本无分别智、后得无分别智，此三智品类差别如下。

1. 加行无分别智（就加行智生起）：（1）"因缘"，以闻熏习为因缘。（2）"引发"，过去无量善根引发。（3）"数习生"，"数习"是今生，现在数数修习。

2. 根本无分别智（就无分别境界）：（1）"喜足"无分别，是凡夫和外道的境界，凡夫、外道以无想定、四空定之无分别为最究竟圆满而知足，故名"喜足"无分别。（2）"无颠倒"无分别，是声闻乘境界，声闻乘证得阿罗汉果位，断除常乐我净的颠倒分别。（3）"无戏论"无分别，是大乘境界，大乘菩萨修习唯识观，亲证诸法平等性，离一切虚妄分别，灭种种戏论，达到究竟圆满的境界。

3. 后得无分别智（就菩萨境界）：（1）"通达思择"，后得智带相缘真如，虽然作念分别诸法，但是明了通达真如。（2）"随念思择"，"念"是回想过去，忆念过去的事情。就是通达的时候，有分别的后得智在通达真如的时候，追念自己所契证的真如。（3）"安立思择"，安立种种名言为人解说诸法实相——真如。（4）"和合思择"，证得后得智后，对一切法做总的观察。（5）"如意思择"，总观一切法，能随自己的意愿作思择。

四　教证无分别

复有多颂成立如是无分别智：

"鬼傍生人天，各随其所应，等事心异故，许义非真实。

于过去事等，梦像二影中，虽所缘非实，而境相成就。

若义义性成，无无分别智；此若无，佛果证得不应理。

得自在菩萨，由胜解力故，如欲地等成，得定者亦尔。

成就简择者，有智得定者，思惟一切法，如义皆显现。

无分别智行，诸义皆不现，当知无有义，由此亦无识。"

般若波罗蜜多与无分别智，无有差别，如说：菩萨安住般若波罗蜜多非处相应，能于所余波罗蜜多修习圆满。云何名为非处相应修习圆满？谓由远离五种处故：一、远离外道我执处故，二、远离未见真如菩萨分别处故，三、远离生死涅槃二边处故，四、远离唯断烦恼障生喜足处故，五、远离不顾有情利益安乐住无余依涅槃界处故。

【释义】

一切法本来无分别，即遍计所执义相无有实在义可得，从这所缘境无分别，通达诸法无分别的智慧为无分别智。

1. 引阿毗达磨大乘无义教，明所缘无义，成立无分别智

（1）相违识相智："鬼傍生人天，各随其所应，等事心异故，许义非真实。"

就鬼、傍生、人、天四类众生，在相同的事上，随各自的心异而所见不同，可见所缘境无有实在义可得。从此相违的识相，体证通达诸法唯识无义的智慧，叫作相违识相智。从无实在所缘境，成立无分别智。

（2）无所缘识现可得智："于过去事等，梦像二影中，虽所缘非实，而境相成就。"

从识在无所缘境界上，能现起能缘识相，通达唯识无义的智慧叫作无所缘

识现可得智。过去、未来的事，梦境、禅定影像，此类虽然不存在于现实层面的事，但是在内心分别的时候，从识上还是现起所缘境来作出分别。可见所缘境唯识所现无有实在义，成立无分别智。

（3）自应无倒智："若义义性成，无无分别智；此若无，佛果证得不应理。"

假如说所缘诸法有实在体性可得，在我们分别心上所现的一切都是成立的话，那就无须无分别智断惑证真，那佛果证得亦不应道理。而这种诸法义相原本无颠倒是不可得的，了知此为自应无倒智。所缘义相颠倒故非真实，成立无分别智。

（4）随转妙智："得自在菩萨，由胜解力故，如欲地等成，得定者亦尔。成就简择者，有智得定者，思惟一切法，如义皆显现。无分别智行，诸义皆不现，当知无有义，由此亦无识。"

第一，随自在者智转。成就大自在的菩萨，境能随心转。

第二，随观察者智转。成就简择者，境随心生。有两类人，一为有智者，指菩萨说；二为得定者，指声闻说。这两类人"思惟一切法，如义皆显现"。

第三，随无分别智转。无分别智成就者，境随心灭。无分别智现前，离一切相，似义显现诸相皆不可得。

从上可知所缘诸法无有实在义可得，所缘无义故，能缘识亦不可得。能所双泯故，无分别智成立。

2. 引般若波罗蜜非处教，明般若波罗蜜与无分别智无差别

菩萨安住般若波罗蜜非处相应，与余波罗蜜修习圆满，何谓非处相应？

非处指非凡夫外道之处，即与诸法实相相应的处所。舍弃这凡夫外道的虚妄处所，那就是般若波罗蜜多非处相应。般若波罗蜜远离五种处所，非处相应。

（1）远离外道我执处（我执）。外道心外求法，离心外别有可得的法。安住般若波罗蜜多，是契证诸法唯识无义的真实，能所双泯，远离外道我我所执。

（2）远离未见真如菩萨分别处（法执）。未见圣道的胜解行地菩萨，假借似法似义意言，分别名义自性差别不可得，如此观察思维，有能观的心和所观的境。虽生起胜解，还未亲证真如，安住真如。

（3）远离生死涅槃二边处。菩萨大悲心，利益众生故，不着生死，不住涅槃。涅槃生死不二，远离二边，入实相中道。

（4）远离唯断烦恼障生喜足处。二乘人唯断烦恼生喜足，菩萨般若波罗蜜要烦恼所知二障断除方显。

（5）远离不顾有情利益安乐住无余依涅槃界处。声闻乘人因厌离生死，得

无余涅槃后，安住涅槃，不再来此世间度化众生，故说二乘人不顾有情利益安乐住无余涅槃界。菩萨以大悲心为上首，把弘扬佛法、普度众生作为伟大的事业。具足大悲心，圆满无上菩提。

五　声闻智与菩萨智差别

声闻等智与菩萨智有何差别？由五种相应知差别：一、由无分别差别，谓于蕴等法无分别故。二、由非少分差别，谓于通达真如，入一切种所知境界，普为度脱一切有情，非少分故。三、由无住差别，谓无住涅槃为所住故。四、由毕竟差别，谓无余依涅槃界中无断尽故。五、由无上差别，谓于此上无有余乘胜过此故。

此中有颂：

"诸大悲为体，由五相胜智。世出世满中，说此最高远。"

【释义】

有五相差别，说明声闻智与菩萨智差别。

1. 由无分别差别，谓于五蕴等法无分别故

声闻乘人断人我执，于人我上所起的常、乐、我、净分别无分别。菩萨乘人断法我执，于五蕴等一切法，皆以假名安立，无有分别可得。

2. 由非少分差别，谓于通达真如，入一切种所知境界，普为度脱一切有情，非少分故

（1）于通达真如，非少分故。菩萨能通达补特伽罗无我真如，通达一切法无我的真如。而声闻人只通达补特伽罗无我，只是真如的一分。

（2）入一切种所知境界，非少分故。菩萨通达一切法无障无碍的一切种智，声闻不通达一切种智。

（3）普为度脱一切有情，非少分故。菩萨具足大悲心，普为度脱一切的众生齐成佛道的，而不是一少部分的众生。声闻未入无余涅槃前，随缘少分度化众生，入无余涅槃不住世间度化有情。

3. 由无住差别，谓无住涅槃为所住故

菩萨般若波罗蜜多故，不住于生死的境界；有大悲心故，也不住于涅槃的境界。虽住生死而不着生死，是菩萨无住涅槃为所住故。声闻住无余涅槃。

4. 由毕竟差别，谓无余依涅槃界中无断尽故

菩萨在无余依的涅槃界里边，法身尽未来际"无断"无"尽"度化众生，成就无量功德。二乘入无余涅槃，永入寂灭。

5. 由无上差别，谓于此上无有余乘胜过此故

无有其他佛法能胜过菩萨的佛法的，最为殊胜。

颂曰："诸大悲为体，由五相胜智。世出世满中，说此最高远。"

第四节 释疑难

若诸菩萨成就如是增上尸罗，增上质多，增上般若功德圆满，于诸财位得大自在，何故现见有诸有情匮乏财位？见彼有情于诸财位有重业障故；见彼有情若施财位障生善法故；见彼有情若乏财位厌离现前故；见彼有情若施财位即为积集不善法因故；见彼有情若施财位即便作余无量有情损恼因故，是故现见有诸有情匮乏财位。

此中有颂：

"见业障现前，积集损恼故。现有诸有情，不感菩萨施。"

【释义】

诸菩萨于财位得大自在，随意布施众生，何故此中有众生匮乏财位？

第一，于财位有重业障；第二，施财位障碍生起善法；第三，匮乏财位生厌离；第四，施财位积集不善因；第五，为财位损恼有情。颂曰："见业、障、现前、积集、损恼故，现有诸有情，不感菩萨施。"

小结

本章说明大乘三无漏学殊胜，显示大乘不共义。增上戒殊胜通过差别、共不共学处、广大、甚深殊胜四方面来说明。差别殊胜，就菩萨戒具有律仪戒、摄善法戒、饶益有情戒三大品类来显示。从菩萨戒品类来看，大乘律仪包含声闻乘律仪故殊胜。共不共学处殊胜，菩萨律仪与声闻律仪相比较，两者在性罪上共，遮罪上不共。不共具体表现为声闻犯菩萨不犯，如不持金像宝物；声闻不犯菩萨犯，如有度缘众生，菩萨不度犯。又约身口意之行为来说，声闻乘唯

持身语戒，菩萨乘持身语心戒。广大殊胜，由四方面来说明。分别为学处（内容）广大、摄受福德广大、有情利益安乐美乐广大、正等菩提广大。甚深殊胜，说明菩萨律仪的微妙不可思议境界。菩萨律仪一切以利益安乐有情为出发点，故而有种种善巧方便之处。

增上心（定）殊胜，由六方面来显示，分别为所缘、种种、对治、堪能、引发、作业。相较声闻禅定，大乘禅定以大乘佛法为所缘；有无量百千三昧；对治烦恼、所知二障粗重及种子；于甚深禅定中堪能利益一切众生；能够引发一切世界无障碍神通业；除成就神通业外，亦能成就十种难行业，难行能行，利益一切众生。大乘禅定引发难行业中，特约六度、十恶业、甚深佛法三方面来别释随觉难行。大乘禅定具有修到彼岸、成熟有情、净佛国土、得诸佛法四大功能。

增上慧殊胜，增上慧包含无分别根本慧及无分别后得慧，此中用自性等十六行相来说明无分别慧之殊胜。除说明无分别慧殊胜外，引阿毗达磨大乘无义教及般若波罗蜜非处教来成立无分别慧。再者，用五相差别说明声闻智与菩萨智之差别。最后，解释关于"菩萨于财位得自在并随意布施众生"而起的疑问。

思考题

1. 为何说菩萨方便善巧行杀生等十恶业无有罪，生无量福？
2. 声闻智与菩萨智有何差别？
3. 如何理解随觉难行？
4. 智名无分别，以何为行相？
5. 菩萨于财位得自在，随意布施众生，为何仍有众生于财位匮乏？

第八章　彼果断分第十

【本章导读】

　　摄论在果证上从断惑证真立二种果，即彼果断——断果，彼果智——智果。断果就断惑言，谓断除烦恼的无住涅槃；智果就证真言，谓根本智亲证真如成就无上菩提。

　　本章说明唯识果证之断果，全文分两部分，第一部分为长行文，阐述彼果断体及转依差别；第二部分为偈颂，说明大乘转依解脱和涅槃无住。

第一节　长行

一　彼果断体

如是已说增上慧殊胜，彼果断殊胜云何可见？断谓菩萨无住涅槃，以舍杂染不舍生死二所依止转依为相。此中生死，谓依他起性杂染分；涅槃谓依他起性清净分；二所依止谓通二分依他起性。转依，谓即依他起性对治起时，转舍杂染分，转得清净分。

【释义】

如是已说增上三学殊胜，依彼增上三学修行所证之殊胜断果为何？谓无住涅槃，是菩萨彼果断。此无住涅槃舍杂染不舍生死，于染净所依止的依他起中，舍染转净的转依为其体相。

转依，谓依他起对治道生起时转舍遍计所执杂染分，转得圆成实的清净分。依他起对治道生起，第一时于四加行时，修四寻思、四如实智唯识观；第二时为得无生法忍，登初欢喜地时。

二　转依差别

又此转依，略有六种：一、损力益能转，谓由胜解力闻熏习住故，及由有羞耻令诸烦恼少分现行、不现行故。二、通达转，谓诸菩萨已入大地，于真实非真实、显现不显现现前住故，乃至六地。三、修习转，谓犹有障，一切相不显现，真实显现故，乃至十地。四、果圆满转，谓永无障，一切相不显现，最清净真实显现，于一切相得自在故。五、下劣转，谓声闻等唯能通达补特伽罗空无我性，一向背生死，一向舍生死故。六、广大转，谓诸菩萨兼通达法空无我性，即于生死见为寂静，虽断杂染而不舍故。

【释义】

转依差别，略有六种。

1. 损力益能转

胜解行地菩萨，听闻大乘法义，如理作意，生起对大乘法义绝对的胜解，依此胜解力于烦恼不清净法生起羞耻心，而发起勇猛心精进修学，使之烦恼少分现行乃至不现行。

2. 通达转

见道位菩萨，通达诸法平等性，亲证真如，于遍计所执似义显现非真实，圆成实真实如实了知，无分别智现前乃至到六地。

3. 修习转

修道位菩萨，经过长期修习，虽然到无相寂灭境界长时现前，但是犹有所知障还没有彻底断净，仍须通过修习使之一切遍计所执似义相不显现，圆成实真实相显现。

4. 果圆满转

成佛时，一切烦恼、所知二障断尽，永无有障。此时一切遍计所执义相不显现（断德），最清净真实显现（智德），于一相得自在（恩德），三德圆满。

5. 下劣转

声闻缘觉的转依。声闻缘觉通达人无我，一向背离生死，一向舍弃生死，安住无余涅槃。

6. 广大转

诸菩萨通达人、法二无我，于生死当下见寂静，虽断杂染入无余涅槃，而不舍生死来此世间度化众生。以此悲心、智慧广大故，所以叫广大转。

三　下劣转过失

若诸菩萨住下劣转有何过失？不顾一切有情利益安乐事故，违越一切菩萨法故，与下劣乘同解脱故，是为过失。

【释义】

下劣转有何过失？第一，不顾一切有情利益安乐事故，无有大悲心；第二，违越一切菩萨法故，毁犯菩萨戒；第三，与下劣乘同解脱故，退失菩提心。

四　广大转功德

若诸菩萨住广大转有何功德？生死法中以自转依为所依止得自在故；于一切趣示现一切有情之身，于最胜生及三乘中，种种调伏方便善巧安立所化诸有情故，是为功德。

【释义】

菩萨住广大转有何功德？第一，自利功德。于生死法中以大乘广大转依为所依止得自在故；第二，利他功德。于一切趣示现一切有情之身，于最胜生及三乘中，种种调伏方便善巧安立所化诸有情故。

第二节　偈颂

一　转依解脱

此中有多颂：

"诸凡夫覆真，一向显虚妄；诸菩萨舍妄，一向显真实。

应知显不显，真义非真义；转依即解脱，随欲自在行。"

【释义】

前两颂引自《大乘庄严经论》，第一颂明凡夫与圣人的差别。凡夫为虚妄杂染所染，被虚妄分别隐覆了诸法真实性，故而凡夫境界一向显虚妄，于虚妄境中起惑造业受苦。圣人断二障证真如而舍妄，不起执着，一向显真实，安住无住涅槃。

第二颂明转依即解脱。于依他起上转舍遍计所执非真义，转得圆成实真义，这种转依的成功就是解脱境界。把一切烦恼、所知二障断除，就是随欲大自在行的佛果境界。

二　涅槃无住

"于生死涅槃，若起平等智；尔时由此证，生死即涅槃。

由是于生死，非舍非不舍；亦即于涅槃，非得非不得。"

【释义】

第一颂明生死即涅槃。诸法唯识无义，平等不二，故无离生死外，另有涅槃可得，如有即为生死分别。明了生死虚妄的当下即涅槃，无分别智现前。

第二颂明无住义。从真谛看生死即涅槃无有生死可舍，涅槃可得；从世俗谛看，依他起上遍计所执，非义计义，虚妄分别，使众生流转生死故，有生死可舍。同样，于依他起上了知遍计执虚妄，圆成实真实显现故，有涅槃可得。菩萨从大悲出发得涅槃而不执涅槃，弃生死而不舍生死即为无住涅槃。

小结

彼果断谓大乘唯识果，本章就断惑说大乘断果，立无住涅槃为大乘断果体。全章分两节，第一节长行，立无住涅槃为彼果断体，此无住涅槃以转依为体相，于染净所依之依他起中，转舍杂染转得清净所成就。转依从修行的位次可分为损力益能转、通达转、修习转、果圆满转四类；依所缘修法可分为下劣转和广大转两类。下劣转为声闻乘转依，有缺失大悲心、毁犯菩萨戒、退失菩提心的过失；广大转为大乘转依，能成就自利利他功德。

第二节偈颂，主要说明转依解脱及涅槃无住。转依解脱，首先，说明凡夫与圣人的差别，凡夫一向虚妄，于虚妄境起惑造业受苦；圣人一向真实，证真舍妄，安住无住涅槃。其次，于依他起法转舍遍计执虚妄，即转得圆成实真实，此中转依即为解脱。涅槃无住，首先，说明生死即涅槃，诸法唯识无义，平等不二，故无离生死外别有涅槃可得，通达生死虚妄当下即证涅槃。其次，说明涅槃无住义，菩萨从大悲出发得涅槃而不执涅槃，弃生死而不舍生死即为无住涅槃。

思考题

1. 广大转和下劣转有何差别？

2. 何谓涅槃无住？

第九章　彼果智分第十一

【本章导读】

本论就断惑证真，果分两种，实二果一体，断果圆满即智果圆满。菩萨于依他起转舍一切杂染（烦恼、所知二障），转得清净涅槃成就解脱德。由断二障无分别智成就，亲证真如圆满无上菩提成就般若德。此解脱、般若二德即为无上佛果清净法身德体现。又从出障智圆的清净法身来言：从出障一面，出离二障杂染，成就无住涅槃断果；从其智圆一面，圆满无分别智，成就无上菩提为智果。

彼果智，此中"智"指亲证真如的无分别智，及依此根本智而起的后得智。以智为体所证之法身、报身、应身三种佛身，谓彼智果。本章通过三节阐明智果：第一节明三种佛身为智果体；第二节开十门分别，阐明三身（侧重法身），并介绍了佛果正报功德及净土依报庄严；第三节就三身相关疑难进行解释。

第一节 出智果体

如是已说彼果断殊胜，彼果智殊胜云何可见？谓由三种佛身，应知彼果智殊胜：一、由自性身，二、由受用身，三、由变化身。此中自性身者，谓诸如来法身，一切法自在转所依止故。受用身者，谓依法身，种种诸佛众会[1]所显清净佛土，大乘法乐为所受[2]故。变化身者，亦依法身，从睹史多天宫现没[3]、受生、受欲、逾城出家、往外道所修诸苦行、证大菩提、转大法轮、入大涅槃故。

【释义】

彼果智殊胜云何可见？谓由自性身、受用身、变化身三种佛身，应知彼果智殊胜。

自性身者，谓如来法身，是一切无漏功德法的依止处。诸菩萨转舍一切杂染，转得无漏清净功德，从无量功德法所成就故名之为法身。如来法身，是一切无漏善法自在依止处。依止自性身，有受用、变化二身转现，成就大自在，利益一切众。从成就无漏善法故，名之为法身。

受用身者，诸佛大悲心故，为利益众生，依止法身而生起自他受用身。自受用身，指佛陀自觉境界，自受用清净法味。他受用身，指佛陀利益众生，于清净佛土种种法会上显现，阐扬大法，另他受用大乘法乐（度化法身大士）。

变化身者，依于法身，为度化凡夫众生，示现的八相成道。（1）从睹史多天宫现没；（2）受生；（3）受欲；（4）逾城出家；（5）往外道所修诸苦行；（6）证大菩提；（7）转大法轮；（8）入大涅槃。

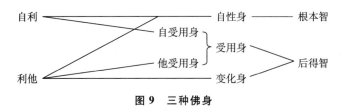

图 9 三种佛身

【注释】

[1] **种种诸佛众会**：指佛示现法会度化众生，有三种情形：第一，诸佛各

自都有各式各样的法会来教导一切法身菩萨。第二，诸佛集会在一起共同度化众生。第三，法身菩萨随着本身功德的逐渐增长，他所见到的佛也就不一样。

[2] **所显清净佛土，大乘法乐为所受**：明受用的两种情况：（1）诸佛现受用身，阐扬大法。诸大菩萨在诸佛清净佛土，以大乘法喜为食，受用重重法味；（2）诸佛现清净佛土，诸大菩萨在诸佛清净佛土中，受用清净佛土乐，如西方极乐世界。

[3] **从睹史多天宫现没等**：此等八事即为八相成道。佛示现人间，有八种相，名八相成道。大乘所说的八相是：降兜率、入胎、住胎、出胎、出家、成道、转法轮、入灭。小乘所说的八相是从兜率天下、托胎、出生、出家、降魔、成道、转法轮、入涅槃。此中大乘有住胎、无降魔，小乘有降魔、无住胎。

第二节　十门分别

一　颂标十门

此中说一嗢拖南[1] 颂：

"相、证得、自在、依止，及摄持、差别、德、甚深、念、业，明诸佛。"

【释义】

此中以偈颂总标相等十门，以明诸佛法身，后文广释。

【注释】

[1] 嗢拖南：即为偈颂，《一切经音义》卷 56："梵语也，唐言偈颂。"①

二　广释十门

（一）法身相

诸佛法身以何为相？应知法身略有五相：一、转依为相，谓转灭一切障杂染分依他起性故，转得解脱一切障于法自在转现前清净分依他起性故。

---

① （南朝宋）慧琳撰《一切经音义》卷 56，CBETA, T54, no. 2128, p. 683, b18。

二、白法所成为相，谓六波罗蜜多圆满得十自在故。此中寿自在，心自在，众具自在，由施波罗蜜多圆满故。业自在，生自在，由戒波罗蜜多圆满故。胜解自在，由忍波罗蜜多圆满故。愿自在，由精进波罗蜜多圆满故。神力自在五通所摄，由静虑波罗蜜多圆满故。智自在，法自在，由般若波罗蜜多圆满故。三、无二为相，谓有无无二为相，由一切法无所有故，空所显相是实有故。有为无为无二为相，由业烦恼非所为故，自在示现有为相故。异性一性无二为相，由一切佛所依无差别故，无量相续现等觉故。此中有二颂：

"我执不有故，于中无别依；随前能证别，故施设有异。

种姓异非虚，圆满无初故；无垢依无别，故非一非多。"

四、常住为相，谓真如清净相故，本愿所引故，所应作事无竟期故。五、不可思议为相，谓真如清净自内证故，无有世间喻能喻故，非诸寻思所行处故。

【释义】

诸佛法身以何为相，应知略有五种相为法身相。

1. 转依相

转灭烦恼、所知二障杂染依他起分，转得解脱二障无漏功德自在现前清净依他起分。

2. 白法所成相

白法，谓无漏清净功德。此中指因位修习六度圆满所成就的十种大自在。（见表7）

3. 无二相

"二"谓世间相对法，法身超越世间故不二。（1）有无不二，遍计所执无实在义，非有；圆成实真如实在，非无，非有非无故无二相。（2）有为无为不二，清净法身非由业烦恼所为故；由大悲故自在示现有为相，有为无为无二相。（3）异性一性不二，诸佛无量功德所依无有差别故；无量相续有情皆成等觉故，异性一性无二相。

重颂"异性、一性"不二相。第一颂明"不异不一"，颂文"我执不有故，于中无别依"明不异。凡夫无始来末那识恒执赖耶为我，每个众生于各自因果体系中，相续着各自的生命体，而有差别相可得。诸佛亲证诸法平等性智，断除我执，于法界中无有别的所依，唯依清净法界故，无有差别相可得。颂文

"随前能证别，故施设有异"明不一。诸佛随顺成佛以前能证的身不同，假名安立各自名号故不一。

第二颂明不异不一的理由："种姓异、非虚、圆满、无初故，无垢依无别，故非一、非多。"法身非一：（1）种姓异，随闻熏习的不同，有不同根机众生；（2）非虚，加行非虚故，随各自成佛的加行不同，成佛有先后；（3）圆满，佛设圆满的五乘教法利生，说明有无量大乘根性众生可以成佛，非唯独只有一佛；（4）无初，无有最初佛故，佛非唯一。法身非多："无垢依无别"。无量诸佛，转舍染污种子，无分别智所依的诸法平等性是无有差别可得，故而于平等法界上，诸佛无有差别相可得故非多。

4. 常住相

（1）真如清净相，无分别智所证真如清净相，离一切戏论，无有生灭故。诸佛法身以清净真如为体性故常住。（2）本愿所引，众生无尽故，愿力无尽；愿力无尽故，法身无尽。（3）所应作事无竟期，成佛唯一的大事就是度化众生，众生无尽，所应作事无竟期，法身常住。诸佛法身常住故，常住为相。

5. 不可思议相

诸佛法身不可心思，不可语议，为何？（1）真如清净自内证，清净真如为诸佛自内证境界，非凡夫虚妄分别可推测衡量。（2）无有世间喻能喻，世间比喻为虚妄分别思量境界，无法完全正确的比喻超越思量境界的清净真如。（3）非诸寻思所行处，真如法身为无分别智境界，非寻思分别心所活动的境界。

表 7　十自在因果业用

果	功德	法门	因
寿自在	诸佛法身以智慧为寿	法施成就	成就众生慧命
心自在	一切世间法所不能染污	无畏施成就	解除众生恐惧
众具自在	种种所需不缺乏	财施成就	救济众生困苦
业自在	身语意三业清净自在	戒波罗蜜	修正身口意三业
生自在	普入诸趣随意自在	戒波罗蜜	行一切善法饶益有情
胜解自在	境随心转随意自在	忍辱波罗蜜	于利生事中安忍一切境忍受一切苦难
愿自在	愿望自在圆满	精进波罗蜜	于利生自始至终精进不懈
神力自在	五通成就自在无碍	禅定波罗蜜	修习禅定
智自在	大智慧自在无碍	般若波罗蜜	无分别加行智修习
法自在	安立无量法门度化众生	般若波罗蜜	无分别根本智成就

（二）法身证得

复次，云何如是法身最初证得？谓缘总相大乘法境[1] 无分别智及后得智，五相善修，于一切地善集资粮，金刚喻定[2] 破灭微细难破障故，此定无间离一切障故得转依。

【释义】

初地菩萨契证无分别智，缘总相大乘法境，集总修、无相修、无功用修、炽盛修、无喜足修等五相修习止观，证得清净法身。

从最初发心到最后法云地，善集福慧资粮，由最后金刚喻定破灭微细难破障，转得清净法身。

【注释】

[1] **总相大乘法境**：谓大乘法总相境，即为无生无灭、本来寂静、自性涅槃、无有自性的诸法实相。

[2] **金刚喻定**：用"金刚"来比喻十地最后心的"定"，"金刚"就是极其坚硬、不可破坏的，但是其能破坏其他一切法、一切物。以此来喻十地最后心等觉，不为一切烦恼、所知障所染污，能破灭及难破灭的微细烦恼、所知障。此等觉心具有如此作用，唯金刚能喻，故说为金刚喻定。

（三）法身自在

复次，法身由几自在而得自在？略由五种：一、由佛土、自身、相好、无边音声、无见顶相自在，由转色蕴依故。二、由无罪无量广大乐住自在，由转受蕴依故。三、由辩说一切名身句身文身自在，由转想蕴依故。四、由现化、变易、引摄大众、引摄白法自在，由转行蕴依故。五、由圆镜、平等、观察、成所作智自在，由转识蕴依故[1]。

【释义】

略有五种自在说法身自在，此中就五蕴转五自在：（1）由佛土、自身、相好、无边音声、无见顶相自在，由转色蕴依故；（2）由无罪无量广大乐住自在，由转受蕴依故；（3）由辩说一切名身句身文身自在，由转想蕴依故；（4）由现化、变易、引摄大众、引摄白法自在，由转行蕴依故；（5）由圆镜、平等、观察、成所作智自在，由转识蕴依故。

【注释】

[1] **由圆镜、平等、观察、成所作智自在，由转识蕴依故：**此中就八识转四智，说明智自在转。分别为：（1）大圆镜智（第八识转），以大圆镜能够影现众多色相，分明众多色相，譬喻所成就智慧的两种功德。一者，显现功德，有漏赖耶显现根尘器界和七转识；大圆镜智显现诸佛受用、变化身，清净佛土，平等性智等余三智。二者，摄持功德，有漏赖耶为有漏诸法所依，摄持一切有漏种子；大圆镜智摄持一切无漏种子，成就不忘失法。（2）平等性智（第七识转），末那识我见等四烦恼恒相应，不平等；平等性智破我法二执，明了唯识义，现诸法平等性。（3）妙观察智（第六识转），第六意识善于分别，妙观察智成就无量法门，无量辩才为众生宣说法要。（4）成所作智（前五识转），作种种变化利益众生的事业，成就圆满所应作度化众生的事业，出现于世，八相成道。

（四）法身依止

复次，法身由几种处应知依止？略由三处：一由种种佛住依止，此中有二颂：

"诸佛证得五性喜，皆由等证自界故。离喜都由不证此，故求喜者应等证。

由能无量及事成，法味义德俱圆满。得喜最胜无过失，诸佛见常无尽故。"

二由种种受用身依止，但为成熟诸菩萨故。三由种种变化身依止，多为成熟声闻等故。

【释义】

法身依止，略有三处。

1. 种种佛住依止

佛住谓佛得涅槃不入无余涅槃时，佛大光明智慧心的安住处，有天住、梵住、圣住三处。（1）天住，指色界天四禅，佛住第四禅。（2）梵住，指慈悲喜舍四无量心，佛住悲无量心。（3）圣住，指空、无相、无愿三种解脱，佛住空解脱门。

2. 种种受用身依止，为成熟诸菩萨故

诸佛依法身显现受用身，实现法味受用、国土受用。度化地上菩萨，成就佛道。

3. 种种变化身依止，为成熟声闻等故，依止法身显现变化身

由二颂说明诸佛证得清净法界的必要性：诸佛证得五种自性喜，皆由等证自界——真如法界的缘故，故求证自性喜的菩萨也应等证真如法界。

此中，五种自性喜分别为：（1）能无量，指真如法界的功能是无量的，一切众生都因悟此真如法界成佛心生大欢喜。（2）"事成"无量，"事"就是所做的事情，"成"就是成办。利益安乐无量众生的事业，诸佛菩萨大悲心能够成办，生大欢喜。（3）"法味"圆满，"法"谓佛教化众生所演说的十二分教，蕴含殊胜法味的语言文字教法，是最清净法界等流而来。深入修学定能体察其中法味，生起无上喜悦。（4）"义德俱圆满"，义作两种解释：第一，"义"谓法义，无量教法，摄无量法义，佛菩萨成就无量陀罗尼，随心所念无量诸义能现前，生大欢喜。第二，"义"指涅槃说，涅槃义，亦能随念现前。"德"，谓证悟真如法界，所成就的十力、四无所畏、十八不共、三明、六通，无量无边的功德，有为的功德、无为的功德，都圆满了，所以生大欢喜。（5）"诸佛见"清净法界"常"住"无"穷"尽故"，生大欢喜。

（五）法身摄持

应知法身由几佛法之所摄持？略由六种：一、由清净，谓转阿赖耶识得法身故。二、由异熟，谓转色根得异熟智故。三、由安住，谓转欲行等住得无量智住故。四、由自在，谓转种种摄受业自在，得一切世界无碍神通智自在故。五、由言说，谓转一切见闻觉知言说戏论，得令一切有情心喜辩说智自在故。六、由拔济，谓转拔济一切灾横过失，得拔济一切有情一切灾横过失智故。应知法身由此所说六种佛法之所摄持。

【释义】

略有六种摄持，明法身摄持。

1. 由清净，谓转阿赖耶识得法身故

转舍赖耶杂染种子，转得法身清净种子，这是清净法身的根本。此中就诸法平等性真如说为清净法身，就智慧说为大圆镜智，转识蕴成就。

2. 由异熟，谓转色根得异熟智故

凡夫色身是随善恶业变异而熟，故赖耶又叫作异熟识。佛的清净法身是转变异而熟的有漏色根为异熟智，佛的法身以智为身，转色蕴成就。

3. 由安住，谓转欲行等住得无量智住故

凡夫以欲念等行为住，心随时在内外五欲上活动，故为欲行住。佛清净法身转此欲行住，得无量智住，安住于无住涅槃不可思议大智慧境界，转受蕴成就。

4. 由自在，谓转种种摄受业自在，得一切世界无碍神通智自在故

凡夫众生以各种职业来摄持财富，来滋养和享受生命。诸佛法身以智慧为命，无须摄受业自在，故转舍摄受业转得无碍神通积极利益众生故，因为利益安乐众生是佛唯一的事业，转行蕴成就。

5. 由言说，谓转一切见闻觉知言说戏论，得令一切有情心喜辩说智自在故

凡夫以虚妄分别的一切见闻觉知而来言说，故是虚妄的戏论。佛清净法身以令一切有情心喜的辩说智而言说，故是无碍辩才的大智慧自在境界，转想蕴成就。

6. 由拔济，谓转拔济一切灾横过失，得拔济一切有情一切灾横过失智故

凡夫通过做善事来拔济一切灾横过失，如做慈善事业等。诸佛把世间有漏的善业转化为无漏清净的善业，以大悲心成就拔济一切有情的一切灾横过失的大智慧，诸佛大悲境界。

（六）法身差别

诸佛法身当言有异？当言无异？依止、意乐、业无别故，当言无异。无量依身现等觉故，当言有异。如说佛法身，受用身亦尔，意乐及业无差别故当言无异；不由依止无差别故，无量依止差别转故。应知变化身如受用身说。

【释义】

诸佛法身当言有异，当言无异？法身依止、意乐、业无别故，当言无异；无量依身现等觉故，当言有异。受用身、变化身亦尔。

（七）法身德

应知法身几德相应？谓最清净四无量，解脱[1]，胜处[2]，遍处[3]，无

诤，愿智，四无碍解，六神通，三十二大士相，八十随好，四一切相清净，十力，四无畏，三不护，三念住，拔除习气，无忘失法，大悲，十八不共佛法，一切相妙智等功德相应。

此中有多颂：

"怜悯诸有情，起和合远离。常不舍利乐，四意乐归礼。

解脱一切障，牟尼胜世间。智周遍所知，心解脱归礼。

能灭诸有情，一切惑无余。害烦恼有染，常哀悯归礼。

无功用无著，无碍常寂定。于一切问难，能解释归礼。

于所依能依，所说言及智。能说无碍慧，常善说归礼。

为彼诸有情，故现知言行，往来及出离，善教者归礼。

诸众生见尊，皆审知善士。暂见便深信，开导者归礼。

摄受住持舍，现化及变易。等持智自在，随证得归礼。

方便归依净，及大乘出离。于此诳众生，摧魔者归礼。

能说智及断，出离能障碍。自他利非余，外道伏归礼。

处众能伏说，远离二杂染。无护无忘失，摄御众归礼。

遍一切行住，无非圆智事。一切时遍知，实义者归礼。

诸有情利乐，所作不过时。所作常无虚，无忘失归礼。

昼夜常六返，观一切世间。与大悲相应，利乐意归礼。

由行及由证，由智及由业。于一切二乘，最胜者归礼。

由三身至得，具相大菩提。一切处他疑，皆能断归礼。"

诸佛法身与如是等功德相应，复与所余自性、因、果、业相应，转功德相应，是故应知诸佛法身无上功德。此中有二颂：

"尊成实胜义，一切地皆出。至诸众生上，解脱诸有情。

无尽无等德，相应现世间。及众会可见，非见人天等。"

【释义】

1. 众德相应

法身不共殊胜功德相应："四无量"心功德；八"解脱"功德；八"胜处"功德；十"遍处"功德；"无诤"三昧功德；"愿智"功德；"四无碍解，六神通，三十二大士相，八十种好，四一切相清净"功德；"十力，四无畏、三不护，三念住，拔除习气，无忘失法，大悲，十八不共佛法，一切相妙智等功德"。

2. 赞叹众德

（1）四无量心："怜愍诸有情，起和合远离。常不舍利乐，四意乐归礼。"

怜愍诸有情故，起和合等四种意乐：一者，和合意乐（慈无量心），使众生身心和合，以无量众生为所缘故说和合无量。二者，远离意乐（悲无量心），希望众生远离一切苦恼及苦恼因。三者，常不舍意乐（喜无量心），对于已经得身心安乐的众生，希望他们常不舍身心安乐，于众生安乐生大欢喜，随喜赞叹。四者，礼乐意乐（舍无量心），希望众生成就利益安乐事，舍离一切烦恼。

（2）八解脱、八胜处、十遍处："解脱一切障，牟尼胜世间。智周遍所知，心解脱归礼。"

解脱一起障——八解脱，大乘圣者依此八解脱于一切处解脱一切障。

牟尼胜世间——八胜处，诸佛甚深禅定于一切世间随心自在，殊胜无比，故名为胜处。

智周遍所知——十遍处，诸佛智慧周遍一切法。

（3）无净智（三昧）："能灭诸有情，一切惑无余。害烦恼有染，常哀愍归礼。"

净，谓烦恼；无净，无烦恼。佛陀无净三昧能灭一切众生烦恼无有余，教化众生无量法门，对治众生烦恼。并于烦恼众生能够常生起哀愍心，帮助众生离苦得乐。

（4）愿智："无功用无著，无碍常寂定。于一切问难，能解释归礼。"

如来愿智具五种功德相：一者，无功用，无须功用，任用自在；二者，无著，断一切障，于一切境界所应知事心不执着；三者，无碍，于一切事都能通达无碍；四者，常寂定，甚深愿智常处寂静禅定；五者，于一切问难能解释，一切问难皆能圆满解释答复。

（5）四无碍解："于所依能依，所说言及智。能说无碍慧，常善说归礼。"

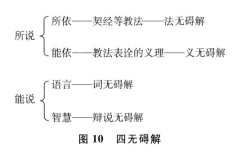

图 10　四无碍解

（6）六神通："为彼诸有情，故现知言行。往来及出离，善教者归礼。"

一者，现，谓神足通，能种种变现，五障无碍故为现。二者，知言，谓天耳通，通达各类众生语言。三者，知行，谓知心行，他心通，知道他内心活动。四者，知往，谓知过去，宿命通，知过去的事。五者，知来，谓知未来，天眼通，观察到未来的事。六者，出离，谓漏尽通，出离一切烦恼所知障。

（7）三十二相、八十随形好："诸众生见尊，皆审知善士。暂见便深信，开导者归礼。"

佛具三十二相，八十随形好，令见者生深信。

（8）四一切相清净："摄受住持舍，现化及变易。等持智自在，随证得归礼。"

一者，摄受住持舍，谓所依清净（身清净），生死自如。二者，现化及变易，谓所缘清净（国土清净），随意自在。三者，等持，谓心清净，于禅定中心的自在。四者，智自在，谓智清净，无量陀罗尼，总持一切法。

（9）十力："方便归依净，及大乘出离。于此诳众生，摧魔者归礼。"

十种摧魔智慧力量，共分四类：一者，谓"方便"，摧魔邪方便，开示解脱正方便，回恶向善。二者，谓"归依"，摧魔邪皈依，开示自业智，作自依止，回外向内。三者，谓"净"，摧魔邪出离，开示断惑正解脱，回缚向脱。四者，谓"大乘出离"，摧魔邪究竟，开示无上菩提，回小向大。

（10）四无畏："能说智及断，出离能障碍。自他利非余，外道伏归礼。"

一者，"能说智"，谓智无畏，佛得一切智，于一切法通达无碍，外人无法指出佛于那一法不通达。三者，"断"，谓漏尽无畏，断尽一切烦恼所知障习，外人无法指出佛那一障未断尽。三者，"出离"，谓说苦尽道无畏，佛教化众生能尽一切苦的出离道，无人能指责不圆满。四者，"能障碍"，谓说障道无畏，佛开示障道因缘，无人能指责非障道因缘。佛陀具足四无所畏，能伏一切外道。

（11）三不护、三念住："处众能伏说，远离二杂染。无护无忘失，摄御众归礼。"

处众能伏说——三不护——身口意清净能伏"说"故无须护。

远离二杂染——三念住——断除贪嗔痴不忘失正念，摄受一切众。

（12）拔除一切习气："遍一切行住，无非圆智事。一切时遍知，实义者归礼。"

于行住坐卧中无非大智慧显现——威仪寂静。

于一切时中大光明智慧遍知诸法真实义——正念正知。

（13）无忘失："诸有情利乐，所作不过时。所作常无虚，无忘失归礼。"

于利乐有情事不忘失，并且不徒劳无益；于未种善根众生作种善根因缘；

于已种善根众生令善根增长；于善根成熟众生令得解脱。

（14）大悲心："昼夜常六返，观一切世间。与大悲相应，利乐意归礼。"

于昼夜六时中常观察一切众生善根，与大悲心相应利益一切众生。

（15）十八不共法："由行及由证，由智及由业。于一切二乘，最胜者归礼。"

约行、证、智、业四部分明十八不共法。

第一，行，指身、口、意三业说，依身、口、意清净行立六种不共法。

A. 无误失，没有错误的过失，指佛的身业说。

B. 无卒暴音，没有粗暴的声音，指佛的语业说。

C. 无忘失念，佛智遍于一切，无有忘失，指佛的意业说。

D. 无不定心，佛心常处定中，指佛的意业说。

E. 无种种想，也叫作无异想，佛生死涅槃不二，指佛的意业说。

F. 无不择已舍，佛应机施教，对根机未成熟的众生，经过观察后才暂时地舍弃，以等待度化因缘。指佛的意业说。

第二，证，在佛安住证得的功德上建立六种不共法。

A. 欲不退；

B. 精进不退；

C. 念不退；

D. 定不退；

E. 慧不退；

F. 解脱不退。

第三，智，在佛的无碍智慧上，建立三种不共法。

A. 知过去世无著无碍；

B. 知现在世无著无碍；

C. 知未来的事情无著无碍。

第四，业，指从佛智而发的身、口、意三业。在这佛的三业上也建立三种不共法。

A. 身业随智行；

B. 口业随智行；

C. 意业随智行；

（16）一切相妙智："由三身至得，具相大菩提。一切处他疑，皆能断归礼。"

一切相妙智，即一切智智。

3. 六德相应

六德谓："自性"功德、"因"功德、"果"功德、"业"功德、"相应"功德、"转"功德。义如颂文："尊成实胜义；一切地皆出；至诸众生上；解脱诸有情；无尽无等德相应；现世间及众会可见，非见人天等。"

（1）"尊成实胜义"谓自性功德，以成就一真法界，诸法实相胜义未自性。

（2）"一切地皆出"谓因功德，于十地因修行圆满。

（3）"至诸众生上"谓果功德，成就无上最殊胜大菩提果。

（4）"解脱诸有情"谓业功德，利益安乐一切有情。

（5）"无尽无等德相应"谓相应功德，无量功德与佛相应。

（6）"现世间及众会可见，非见人天等"谓转功德，从自性身现起受用、变化二身。

【注释】

[1] **八解脱**：八种由浅入深的禅观行法门，依此八种禅定力可断三界烦恼证解脱故名八解脱；又依此八种禅定力可以背弃五欲境，舍离贪执之心故名八背舍。分别为：一、内有色想观外色解脱；二、内无色想观外色解脱；三、净解脱身作证具足住；四、空无边处解脱；五、识无边处解脱；六、无所有处解脱；七、非想非非想处解脱；八、灭受想定身作证具住。

[2] **八胜处**：八胜处即观欲界之色处（色与相），制伏之而去除贪心的八个阶段：（1）内有色想观外色少胜处；（2）内有色想观外色多胜处；（3）内无色想观外色少胜处；（4）内无色想观外色多胜处；（5）内无色想观外色青胜处；（6）内无色想观外色黄胜处；（7）内无色想观外色赤胜处；（8）内无色想观外色白胜处。诸佛甚深禅定于一切世间随心自在，殊胜无比，故名为胜处。

[3] **十遍处**：十遍处是一种可远离三界烦恼的禅观，即观六大及四显色各遍满一切处而无间隙。六大指地、水、火、风、空、识，四显色即青、黄、赤、白。为在八解脱与八胜处的禅修基础上行持。

（八）法身甚深

复次，诸佛法身，甚深最甚深，此甚深相云何可见？此中有多颂：

"佛无生为生，亦无住为住。诸事无功用，第四食为食[1]。

无异亦无量，无数量一业。不坚业坚业，诸佛具三身。

现等觉非有，一切觉非无。一一念无量，有非有所显。

非染非离染，由欲得出离。了知欲无欲，悟入欲法性。

诸佛过诸蕴，安住诸蕴中。与彼非一异，不舍而善寂。

诸佛事相杂，犹如大海水。我已现当作，他利无是思。

众生罪不现，如月于破器。遍满诸世间，由法光如日。

或现等正觉，或涅槃如火。此未曾非有，诸佛身常故。

佛于非圣法，人趣及恶趣。非梵行法中，最胜自体住。

佛一切处行，亦不行一处。于一切身现，非六根所行。

烦恼伏不灭，如毒咒所害。由惑至惑尽，证佛一切智。

烦恼成觉分，生死为涅槃。具大方便故，诸佛不思议。"

应知如是所说甚深有十二种：谓生住业住甚深，安立数业甚深，现等觉甚深，离欲甚深，断蕴甚深，成熟甚深，显现甚深，示现等觉涅槃甚深，住甚深，显示自体甚深，断烦恼甚深，不可思议甚深。

【释义】

诸佛法身非凡夫、二乘所能理解故，甚深最甚深。此中约多颂明法身十二甚深。

1. 生住业住甚深："佛无生为生，亦无住为住。诸事无功用，第四食为食。"

（1）生甚深，佛无生为生，清净法身断烦恼、所知二障，故无有业烦恼所成的生果报。又以大悲心，示现受用、变化身利益众生为生。

（2）住甚深，无住为住，不住有为，心常寂静；不住无为，积极利生故。

（3）业甚深，诸事无功用，佛智任运自在利益众生。

（4）住甚深，佛第四食为食。

2. 安立、数、业甚深："无异亦无量，无数量一业。不坚业坚业，诸佛具三身。"

（1）安立甚深，"无异亦无量"，依止清净法界故无异，依止现等觉故无量。

（2）数甚深，"无数量一业"，无量诸佛同一利生事业。

（3）业甚深，"不坚业坚业，诸佛具三身。"自性身不生不灭故坚业，受用身、变化身依自性身起故不坚业。

3. 现等觉甚深："现等觉非有，一切觉非无。一一念无量，有非有所显。"

诸佛现等觉，悟一切法不可得故非有；念念中无量世界无量菩萨现等觉非无；非有非无现等觉甚深。

4. 离欲甚深："非染非离染，由欲得出离。了知欲无欲，悟入欲法性。"

从诸法平等性，了知欲本无欲，欲即离欲诸法实相。

5. 断蕴甚深："诸佛过诸蕴，安住诸蕴中。与彼非一异，不舍而善寂。"

诸佛无分别智断有漏诸取蕴，又安住于诸蕴中，不舍众生，利益众生。

6. 成熟甚深："诸佛事相杂，犹如大海水。我已现当作，他利无是思。"

无量诸佛现证等觉，同做成熟有情事。

7. 显现甚深："众生罪不现，如月于破器。遍满诸世间，由法光如日。"

无量诸佛显现，大慈大悲广度众生。

8. 示现等觉涅槃甚深："或现等正觉，或涅槃如火。此未曾非有，诸佛身常故。"

诸佛为利生于此世间示现证等觉及入涅槃，实无有实在等觉涅槃可得，为利益众生故示现等觉涅槃。

9. 住甚深："佛于非圣法，人趣及恶趣。非梵行法中，最胜自体住。"

"住"谓安住功德中，有三种住。

（1）佛于非圣住中住圣法，以空、无相、无愿三解脱门为住。

（2）人趣及恶趣中佛住天法中，以第四禅为住。

（3）非梵行法中，佛修四无量心，以最胜梵行为住。梵行——四无量心。

10. 自体甚深："佛一切处行，亦不行一处。于一切身现，非六根所行。"

佛身遍行一切处，而非六根所行境界，十法身常寂静境界。

11. 断烦恼甚深："烦恼伏不灭，如毒咒所害。由惑至惑尽，证佛一切智。"

伏而不断，留惑润生。

12. 不可思议甚深："烦恼成觉分，生死为涅槃。具大方便故，诸佛不思议。"

染污烦恼为清净觉生起的因缘；生死即涅槃。

应知法身甚深，如上所说十二甚深。

【注释】

［1］ **第四食为食**：生命延续为住，有四种食，生命延续所住：第一，不清净依止住食，指欲界众生由段食、思食、触食、识食来维持生命，为欲界系缚，名为不清净。第二，净不净依止住食，色界天、无色界天众生以触食、思食、识食维持生命。舍欲界烦恼曰净，色界、无色界烦恼不断曰不净。第三，一向净依止住食，声闻缘觉果位圣者，断尽三界诸惑，非欲乐所系缚，饮食一向清净。有余色身为有漏果报，需段食、触食、思食、识食为维持。第四，唯示现依止住食，佛陀为众生良福田故，亦托钵受食。虽然以段食、思食、触食、识

食为食，但是不执食事。四食中，佛以第四食为食。

（九）菩萨如何念佛法身

若诸菩萨念佛法身，由几种念应修此念？略说菩萨念佛法身，由七种念应修此念：一者，诸佛于一切法得自在转，应修此念，于一切世界得无碍通故。此中有颂："有情界周遍，具障而阙因，二种决定转，诸佛无自在。"二者，如来其身常住，应修此念，真如无间解脱垢故。三者，如来最胜无罪，应修此念，一切烦恼及所知障并离系故。四者，如来无有功用，应修此念，不作功用一切佛事无休息故。五者，如来受大富乐，应修此念，清净佛土大富乐故。六者，如来离诸染污，应修此念，生在世间一切世法不能染故。七者，如来能成大事，应修此念，示现等觉般涅槃等，一切有情未成熟者能令成熟，已成熟者令解脱故。

此中有二颂：

"圆满属自心，具常住清净。无功用能施，有情大法乐。遍行无依止，平等利多生。一切佛智者，应修一切念。"

复次，诸佛清净佛土相，云何应知？如《菩萨藏百千契经》序品中说，谓：薄伽梵住最胜光曜七宝庄严放大光明普照一切无边世界，无量方所妙饰间列，周圆无际其量难测，超过三界所行之处，胜出世间善根所起，最极自在净识为相，如来所都，诸大菩萨众所云集，无量天、龙、药叉、健达缚、阿素洛、揭路茶、紧捺洛、莫呼洛伽、人、非人等常所翼从，广大法味喜乐所持，作诸众生一切义利，蠲除一切烦恼灾横，远离众魔，过诸庄严如来庄严之所依处，大念慧行以为游路，大止妙观以为所乘，大空无相无愿解脱为所入门，无量功德众所庄严，大宝花王之所建立大宫殿中。

如是现示清净佛土显色圆满，形色圆满，分量圆满，方所圆满，因圆满，果圆满，主圆满，辅翼圆满，眷属圆满，任持圆满，事业圆满，摄益圆满，无畏圆满，住处圆满，路圆满，乘圆满，门圆满，依持圆满。

复次，受用如是清净佛土，一向净妙，一向安乐，一向无罪，一向自在。

【释义】

1. 正明七念

菩萨七念念佛法身：（1）诸佛于一切法得自在转，应修此念，于一切世界得无碍通故。念佛无碍神通，而修习甚深禅定。此中疑问：佛大悲心具足，无碍神通度化有情，为何世界还有很多众生未见佛闻法，诸佛于此不自在？佛大悲心虽周遍一切，但众生具有三个原因不能见佛闻法。一者，具障，为具烦恼、业、报等障而障碍众生见佛闻法，解脱生死。二者，阙因，谓阙善根因缘，不能成就大乘闻熏习。三者，两种决定，谓业决定转、报决定转。

（2）如来其身常住，应修此念，真如无间解脱垢故。观想真如诸法实相即清净法身自体，普遍一切，常住不变。

（3）如来最胜无罪，应修此念，一切烦恼及所知障并离系故（上三属法身自利圆满）。诸佛如来解脱一切烦恼、所知障，最殊胜无有过失。

（4）如来无有功用，应修此念，不作功用一切佛事无有休息故。诸佛如来无功用利益一切众生，自然流露，任运自在，无有休息。

（5）如来受大富乐，应修此念，清净佛土大富乐故。诸佛因地广修福德资粮，成就清净大富乐佛土，度化地上菩萨。

（6）如来离诸染污，应修此念，生在世间一切世法不能染故。诸佛入生死不迷生死。

（7）如来能成大事，应修此念，示现等觉般涅槃等，一切有情未成熟者令成熟，已成熟者令解脱故（上四属利他圆满）。

2. 别释佛土庄严

《菩萨藏百千契经》序品以十八圆满显示诸佛清净国土：（1）显色圆满：七宝宫殿，光明遍世界；（2）形色圆满：诸佛大宫殿无量方所，或亭台楼阁，妙饰间列；（3）分量圆满：诸大宫殿周遍圆满无有边际，难以测量；（4）方所圆满：超越三界所行处；（5）因圆满：出世间善根所起；（6）果圆满：最极自在境界，以诸佛清净无垢识为相；（7）主圆满：如来所都；（8）辅翼圆满：诸大菩萨所云集；（9）眷属圆满：无量天龙八部眷属等常所翼从；（10）任持圆满：广大法味喜乐滋养五分法身，任持安住；（11）事业圆满：作诸众生一切义利事；（12）摄益圆满：蠲除一切烦恼灾横；（13）无畏圆满：远离烦恼五蕴众魔，无所畏惧；（14）住处圆满：如来自体功德庄严为所依处；（15）路圆满：大念、大慧、大行以为游路；（16）乘圆满：大止妙观以为乘；（17）门圆满：大空无相无愿解脱为所入门；（18）依持圆满：无量净妙功德，种种七宝众所庄严大宝华王之所建立。

居清净佛土的功德：常乐我净四德，一向净妙（净）；一向安乐（乐）；一向无罪（常）；一向自在（我）。

（十）佛陀作业

复次，应知如是诸佛法界，于一切时能作五业：一者，救济一切有情灾横为业，于暂见时便能救济盲聋狂等诸灾横故。二者，救济恶趣为业，拔诸有情出不善处置善处故。三者，救济非方便为业，令诸外道舍非方便求解脱行，置于如来圣教中故。四者，救济萨迦耶为业，授与能超三界道故。五者，救济乘为业，拯拔欲趣余乘菩萨，及不定种性诸声闻等，安处令修大乘行故。于此五业，应知诸佛业用平等。此中有颂：

"因依事性行，别故许业异。世间此力别，无故非导师。"

【释义】

佛陀于一切时作五方面饶益有情的事业：

（1）救济一切有情灾横为其事业（盲、聋、狂）；

（2）救济恶趣众生苦恼为其事业（置善法处）；

（3）救济以非方便为方便的外道众生置如来教为其事业；

（4）救济萨迦耶见众生，教授能超越三界的无我道为其事业；

（5）救济一切众生乘大乘法，于无上菩提彼岸为其事业。A. 大心众生见菩萨道难行，而趣入余乘；B. 不定种姓声闻缘觉，说唯一佛乘，无二亦无三。令上两种众生安处大乘道，修大乘行成就无上菩提。

上五种事业，前三接引众生，后二佛法饶益有情。

诸佛法身五种事业皆是平等无二，因诸佛业用无有不平等，离五种因故：

（1）因别：众生因力不同，所做事不同；

（2）依别：众生所依身体不同，所做事不同；

（3）事别：众生所从事的行业不同，所做事不同；

（4）性别：众生的性情爱好不同，所做事不同；

（5）行别：众生的行为能力、行为方式不同，所做事不同。

第三节 释疑难

一 释说一乘

若此功德圆满相应诸佛法身，不与声闻独觉乘共，以何意趣佛说一乘？
此中有二颂：

"为引摄一类，及任持所余。由不定种性，诸佛说一乘。

法无我解脱，等故性不同。得二意乐化，究竟说一乘。"

【释义】

诸佛法身众德相应，与声闻缘觉不同，可见有三乘法，佛以何意趣只说一佛乘？

以二颂说明："为引摄一类，及任持所余。由不定种性，诸佛说一乘。"

为了引摄一类不定种性的二乘人回小向大，及任持欲退向小乘的菩萨，使之菩提心不失故，佛说一佛乘。

"法无我，解脱，等故性不同。得二意乐化，究竟说一乘。"

依八意说一佛乘：（1）法平等，所证的真如法性平等，三乘圣者虽证悟有浅深，但所趋向的都是一真如法性，就此说一佛乘。（2）无我平等，在人无我的观点上三乘平等，就此说一佛乘。（3）解脱平等，就解脱生死得涅槃平等说一佛乘。（4）性不同，就不定种性而言，如回小向大即为一佛乘。（5）得二意乐，一者约人说：佛菩萨智慧摄他为自，自他不二故一佛乘；二者约法说：法性平等故一佛乘。（6）化，化现，约佛变化身言，就诸佛化现的声闻缘觉说一佛乘。（7）究竟，无上究竟佛乘，无有余乘可以超越，故一佛乘。

二 释同时有多佛

如是诸佛同一法身，而佛有多，何缘可见？此中有颂：

"一界中无二，同时无量圆。次第转非理，故成有多佛。"

【释义】

问诸佛同一法身为身，可见于一世界同时无有二佛。而事实上十方世界同时有多佛，是什么理由？于十方世界同时有无量菩萨同圆种智，而非次第辗转成佛。

三　释法身涅槃不涅槃

云何应知于法身中佛非毕竟入于涅槃，亦非毕竟不入涅槃？此中有颂："一切障脱故，所作无竟故。佛毕竟涅槃，毕竟不涅槃。"

【释义】

法身入不入涅槃？非毕竟入涅槃，非毕竟不入涅槃。

诸佛法身解脱一切烦恼、所知障来说，毕竟入涅槃；诸佛法身恒时利益一切有情，作五种业救济众生，所作无竟故，毕竟不如涅槃。

四　释受用身非法身

何故受用身非即自性身？由六因故：一、色身可见故，二、无量佛众会差别可见故，三、随胜解见自性不定可见故，四、别别而见自性变动可见故，五、菩萨声闻及诸天等种种众会间杂可见故，六、阿赖耶识与诸转识转依非理可见故。佛受用身即自性身，不应道理。

【释义】

何故受用身非自性身？自性身是佛自体悟境界，受用身是佛度众境界，二者相即亦不相即。

由六因明不相即：（1）色身可见故；（2）无量佛众会差别可见故；（3）随菩萨胜解见自性不定可见故；（4）菩萨别别而见自性变动可见故；（5）菩萨、声闻及诸天等种种众会间杂可见故；（6）阿赖耶识与诸转识转依非理可见故。

五　释变化身非法身

何因变化身非即自性身？由八因故，谓诸菩萨从久远来，得不退定，于睹史多及人中生不应道理。又诸菩萨从久远来，常忆宿住，书算数印工巧论中及于受用欲尘行中不能正知，不应道理。又诸菩萨从久远来，已知恶说、善说法教，往外道所不应道理。又诸菩萨从久远来，已能善知三乘正道，修邪苦行不应道理。又诸菩萨舍百拘胝诸赡部洲，但于一处成等正觉，转正法轮，不应道理。若离示现成等正觉，唯以化身于所余处施作佛事，即应但于睹史多天成等正觉，何不施设遍于一切赡部洲中同时佛出？既不施设，无教无理。虽有多化，而不违彼无二如来出现世言；由一四洲摄世界故，如二轮王不同出世。此中有颂：

"佛微细化身，多处胎平等。为显一切种，成等觉而转。"

为欲利乐一切有情，发愿修行证大菩提，毕竟涅槃不应道理，愿行无果成过失故。

【释义】

变化身非自性身云何可见？由八因可见：

1. 谓诸菩萨从久远来，得不退定；

2. 于睹史多及人中生，不应道理；

3. 又诸菩萨从久远来，常忆宿住，书算数印工巧论中及于受用欲尘行中不能正知，不应道理；

4. 约出家相说，诸菩萨从久远来，已知恶说、善说法教，往外道所不应道理；

5. 诸菩萨从久远来，已能善知三乘正道，修邪苦行不应道理；

6. 诸菩萨舍百拘胝诸赡部洲，但于一处成等正觉，不应道理；

7. 诸菩萨舍百拘胝诸赡部洲，但于一处转正法轮，不应道理；

8. 为欲利乐一切有情，发愿修行证大菩提，毕竟涅槃不应道理，愿行无果成过失故。

六 释二身常

佛受用身及变化身，既是无常，云何经说如来身常？此二所依法身常故。又等流身及变化身，以恒受用无休废故，数数现化不永绝故；如常受乐，如常施食，如来身常应知亦尔。

【释义】

云何说如来身常？受用、变化二身虽非自性身无常故，热就二身所依自性身常故，说二身常。

受用、变化二身从法身等流，受用身恒时受用大富乐清净佛土境界无休废故，变化身数数变化永不绝故，说二身常。

七　释化身非毕竟住

由六因故，诸佛世尊所现化身非毕竟住：一、所作究竟，成熟有情已解脱故；二、为令舍离不乐涅槃，为求如来常住身故；三、为令舍离轻毁诸佛，令悟甚深正法教故；四、为令于佛深生渴仰，恐数见者生厌怠故；五、令于自身发勤精进，知正说者难可得故；六、为诸有情极速成熟，令自精进不舍轭故。

此中有二颂：

"由所作究竟，舍不乐涅槃。离轻毁诸佛，深生于渴仰。

内自发正勤，为极速成熟。故许佛化身，而非毕竟住。"

【释义】

诸佛化身非毕竟住云何可见？由六因可见。

1. 所作究竟，成熟有情已解脱故。

2. 为令舍离不乐涅槃，为求如来常住身故。

3. 为令舍离轻毁诸佛，令悟甚深正法教故。

4. 为令于佛深生渴仰，恐数见者生厌怠故。

5. 令于自身发勤精进，知正说者难可得故。

6. 为诸有情极速成熟，令自精进不舍轭故。

八　释成佛要作功用

诸佛法身，无始时来无别无量，不应为得更作功用？此中有颂：

"佛得无别无量因，有情若舍勤功用。证得恒时不成因，断如是因不应理。"

【释义】

成佛要作何功用？"佛得无别无量因，有情若舍勤功用，证得恒时不成因，断如是因不应理。"

诸佛所证的清净法界无有差别，无有限量，能作为一切众生精进修行的增上缘。如果众生舍弃勤用功，不行菩萨道圆满加行，舍弃离障的努力，诸佛清净法界亦不能作为成道增上缘。

结　说

《阿毗达磨大乘经》中《摄大乘品》，我阿僧伽[1] 略释究竟。

【注释】

[1] **阿僧伽**：梵语 Asaṅga 音译，又作阿僧佉。无著菩萨之梵名。为瑜伽行派创始人，本论作者。据《婆薮槃豆法师传》记载："既得大乘空观，因此为名，名阿僧伽，阿僧伽译为无著。"①

《一切经音义（第16卷-第25卷）》卷23云："阿僧伽，阿此云无；僧伽此云著，短声呼之；若长声呼之，即云众。旧云僧佉，讹也。"②

《大唐大慈恩寺三藏法师传》卷3："城西南五六里有故伽蓝，是阿僧伽菩萨说法处。菩萨夜升睹史多天，于慈氏菩萨所受《瑜伽论》、《庄严大乘论》、《中边分别论》，昼则下天为众说法。阿僧伽亦名无著，即健陀逻国人也。佛灭度后一千年中出现于世，从弥沙塞部出家，后信大乘。"③

📖 小结

本章介绍大乘智果，果分断智，实为一体。断果就断惑说，智果就证真说。断惑即证真，断果圆满即智果成就。智果此中智指亲证真如的无分别根本智，及依根本智所起后得智。智果即为以证智为体的法、报、化三种佛身。全章共分三节，第一节出智果体，第二节十门分别，第三节释疑难。

---

① （陈）真谛译《婆薮槃豆法师传》卷 1，CBETA, T50, no. 2049, p. 188, c8-9。
② （唐）玄应撰《一切经音义》卷 23，CBETA, C057, no. 1163, p. 104, c5-7。
③ （唐）慧立撰《大唐大慈恩寺三藏法师传》卷 3，CBETA, T50, no. 2053, p. 233, c14-20。

　　第一节出智果体，以佛法身、报身、化身明智果殊胜。诸佛清净自性，是一切无漏功德所依止，成就一切无漏善法故谓法身。诸佛以大悲故，利益地上菩萨，依止法身现起自他受用谓报身。依于法身，为度化凡夫众生，示现的八相成道谓化身。

　　第二节十门分别。就相、证得、自在、依止、摄持、差别、德、甚深、念、业十门介绍佛法身。以转依相、白法所成相、无二相、常住相、不可思议相五相明法身相。菩萨契证无分别根本智，缘总相大乘法境，集五相修习止观，证得清净法身。由五蕴说五自在，明法身自在。以佛住依止、受用身依止、变化身依止，明法身依止。转五蕴为清净等五种摄持，加佛大悲境界拔济摄持，以六摄持明法身摄持。法身差别就诸佛法身有异无异来说明，从诸佛依止、意乐、业言无异，从无量身现证等觉言有异，报身、化身亦如是。法身德从两方面来说明，一者，十力四无畏等众德相应；二者，自性等六德相应。以生住业住等十二甚深，明法身甚深。菩萨以念如来随属自心圆满等七念，念佛法身，又以十八圆满别释佛土庄严。法身作业谓诸佛于一切时，以救济一切有情灾横等五方面饶益有情。

　　第三节释疑难，主要回应八方面疑难。一者，解释佛说一佛乘的意趣，佛以法平等等八意趣说一佛乘。二者，法身无二，为何同时有多佛？十方世界有无量菩萨同圆种智，非次第成佛。三者，法身入不入涅槃？法身解脱一切烦恼故入涅槃，法身恒时利益众生故不入涅槃。四者，受用身非法身，由色身等可见等六因明受用身非法身。五者，变化身非法身，由变化身八相成道，由八因可见非自性身。六者，受用、变化二身常，因依止法身故。七者，诸佛化身非究竟住，由所作究竟等六因说明。八者，成佛要作功用，诸佛证法身无差别利益众生，为众生成就增上缘。如果众生舍弃离障功用，诸佛法身亦不能作为成道增上缘。

思考题

1. 法、报、化三身为智果体，论中为何只明法身？

2. 菩萨如何念佛法身，诸佛何有作业？

3. 佛说一佛乘之意趣为何？

图书在版编目（CIP）数据

摄大乘论教程 / 静安编著. -- 北京：社会科学文
献出版社，2024.4
　　全国汉传佛教院校教材
　　ISBN 978-7-5228-1687-6

　　Ⅰ.①摄…　Ⅱ.①静…　Ⅲ.①大乘-经藏-教材
Ⅳ.①B942.1

　　中国国家版本馆 CIP 数据核字（2023）第 070776 号

全国汉传佛教院校教材

摄大乘论教程

编　　著／静　安

出 版 人／冀祥德
组稿编辑／袁清湘
责任编辑／王玉敏　杨　雪
责任印制／王京美

出　　版／社会科学文献出版社·人文分社（010）59367202
　　　　　地址：北京市北三环中路甲 29 号院华龙大厦　邮编：100029
　　　　　网址：www.ssap.com.cn
发　　行／社会科学文献出版社（010）59367028
印　　装／三河市龙林印务有限公司

规　　格／开本：787mm×1092mm　1/16
　　　　　印张：13.25　字数：236 千字
版　　次／2024 年 4 月第 1 版　2024 年 4 月第 1 次印刷
书　　号／ISBN 978-7-5228-1687-6
定　　价／89.00 元

读者服务电话：4008918866